Review of Evolutionary Economics and Economics of Innovation

演化与创新经济学评论

2019 年第 1 辑（总第 20 辑）

教育部人文社会科学重点研究基地清华大学技术创新研究中心　主办
中国演化经济学年会　协办

科 学 出 版 社
北 京

内 容 简 介

《演化与创新经济学评论》由陈劲教授（主编）与王焕祥博士（执行主编）于 2008 年共同创办、中国演化经济学年会协办，是国内唯一一份致力于介绍演化与创新经济学理论、方法、应用及最新发展的集刊，与国际期刊《演化经济学杂志》（SSCI）、《制度经济学杂志》（SSCI）长期合作，演化与创新经济学界的知名学者纳尔逊教授、伦德瓦尔教授、霍奇逊教授、陈平教授、贾根良教授等为本集刊特约编委与撰稿人。

本集刊以“倡导学术创新、彰显学术自由”为宗旨，力求为中外学者就演化与创新经济学的重大理论及其应用问题的讨论与对话提供一个平台，也为展示我国学者的相关研究与思想提供一个机会窗口。

本集刊可为公共政策制定者提供新的视野与借鉴，可供政府产业与科技等管理部门、企业高级技术主管、大学与科研院所的科研管理与科技工作者参考，尤其适合作为管理学、经济学等社科专业的硕士研究生及博士研究生的参考用书，对于想了解和深入研究演化与创新经济学的人也是不可或缺的参考资料。

图书在版编目（CIP）数据

演化与创新经济学评论. 2019. 第 1 辑：总第 20 辑/教育部人文社会科学重点研究基地清华大学技术创新研究中心主办；中国演化经济学年会协办. —北京：科学出版社，2019.9

ISBN 978-7-03-061931-0

Ⅰ. ①演… Ⅱ. ①教… ②中… Ⅲ. ①经济学-文集 Ⅳ. ①F0-53

中国版本图书馆 CIP 数据核字（2019）第 151919 号

责任编辑：郝 悦 / 责任校对：王丹妮

责任印制：张 伟 / 封面设计：无极书装

科 学 出 版 社出版

北京东黄城根北街 16 号

邮政编码：100717

http://www.sciencep.com

北京虎彩文化传播有限公司 印刷

科学出版社发行 各地新华书店经销

*

2019 年 9 月第 一 版 开本：787 × 1092 1/16

2020 年 1 月第二次印刷 印张：9

字数：210 000

定价：78.00 元

（如有印装质量问题，我社负责调换）

编辑部联系方式：

电话：0086-10-62792422
邮箱：ei_review@tsinghua.edu.cn

摘　要

《演化与创新经济学评论》致力于近年来在国际学界蓬勃发展的演化经济学以及该理论范式主导下的创新经济学，展现中国学者在这一新的经济学研究范式中取得的进展，为中外学者就演化经济学的重大理论及其应用问题的讨论提供平台。

呈现在读者面前的这本专集收录的论文，内容涉及经济中的信息、通信与自发秩序、市场塑造之美国模式，基于 CiteSpace 的中国产学研研究计量分析，大众创业、万众创新研究前沿，替代弹性-技术进步方式与技术进步偏向性，自创生社会系统的研究框架，三重螺旋理论视角下协同人才培养过程实证研究等理论命题与实践问题。

本集刊突出了国内外广泛关注的演化及创新经济学的基本理论及其在特定领域内的应用等重要学术前沿话题，也与我国制度创新深化和自主创新战略这两大实践主题相呼应。

本集刊可为公共政策的制定者提供学理思考与借鉴，可作为政府科技领域的高层领导、企业高级技术主管、大学与科研院所的科技工作者的参考，尤其适合作为管理学专业、经济学专业硕士研究生及博士研究生的参考用书，对于想了解和深入研究演化与创新经济学的读者也是不可或缺的参考资料。

目　录

基于三重螺旋互动演化的协同育人过程机理研究[①]

项杨雪[②]　陈　浩[③]　陈　劲[④]

摘　要：在知识经济时代，推动人才培养越来越离不开高校、企业和政府的作用。本文基于三重螺旋理论，运用结构方程数学模型等方法，对浙江省204家企业就如何开展政产学协同人才培养这一议题展开实证研究。研究表明：高校驱动联盟因素、产业驱动联盟因素和政府驱动联盟因素对人才协同培养绩效都有显著影响，同时，在战略联盟、组织联盟和知识联盟的中介作用下，以高校为驱动的联盟因素对政产学人才培养绩效有重要的影响，并且将受到战略联盟和组织联盟的中介作用的影响，其中，战略联盟的中介作用影响更大。本文提出基于政产学协同人才培养的驱动联盟因素分析框架，丰富和发展了协同创新理论。同时，为我国地方政产学如何推动人才协同培养提供了定量的分析视角与科学的政策讨论依据。

关键词：知识联盟　三重螺旋　结构方程　合作教育

中图分类号：F274

一、引　　言

高校在知识经济时代，逐渐成为社会发展过程中知识的生产、处理、传播和运用的重要基地，特别是在人力资源开发方面发挥着举足轻重的作用。而人才又是社会经济发展的主力军，这必然促使高校加强与企业的合作，走产学合作人才培养的道路。政府作为促进经济社会发展的协调力量，也必然需要形成政产学三股力量，协同促进人才培养。当然，这种政产学协同合作的机制中，三大主体的角色定位必然会有不同的分工：高校应发挥科研先导作用，同时注重对科研创新型人才的培养；企业由于更着重应用技术的研究开发和工艺创新，因此更注重应用型人才的培养，并在此过程中，将科技成果商品化；而政府在此过程中的协调作用更能保障两类人才培养的衔接和发展。“政府–企业–

① 资助项目：浙江省教育厅一般项目“知识管理与协同创新网络的互动机理研究——系统演化视角”（Y201840108）。

② 项杨雪，女，管理学博士，阿里巴巴商学院物流管理系系主任，研究方向：创新管理。

③ 陈浩，男，浙江大学公共管理学院博士研究生，研究方向：教育经济与管理。

④ 陈劲，男，清华大学经济管理学院教授（博士研究生导师），研究方向：创新管理。

高校”之间的融合共同推动了知识经济创新体系建设，从而保障创新型国家建设目标的实现。

近年来，我国经济、科技、教育宏观体制改革有力地推进了政产学相结合的进程。据不完全统计，我国已有数百所高校、数千个企业和千余所科研单位进行了不同形式的政产学合作。但实践的过程仍存在大量的问题，包括重视不够、体制不顺、认识不足、动力不强、措施不多。总之，我国政产学合作教育的发展过程还处于初期阶段，需要在理论和实践上探索培养创新人才的有效模式，特别是在合作的深度与广度上，需要进一步研究可操作的措施和手段。

为此，本文从政府、企业和高校的驱动因素出发，以浙江省各产业在发展过程中参与人才协同培养的作用机制为研究对象，通过科学识别影响政产学协同人才培养的中介机制，运用结构方程数学模型等方法，构建基于三重螺旋的政产学协同人才培养过程机理模型，进而揭示影响政产学协同人才培养的关键因素及其作用机理。

二、文献回顾与假设开发

自20世纪90年代中期埃茨科威兹提出政、产、学三螺旋理论以来，作为知识经济社会内部创新制度环境的三大要素，政府、产业和高校之间的互动关系所形成的三种力量通过交叉影响也在不断驱动着人才培养模式的变革。其中，高校发挥人才和科技资源方面的优势，为政府和企业适应新形势和新市场，解决知识和人才不足问题开辟了一条新的道路。政产学协同培养人才，共同发展区域经济，已经成为当今的一种时代潮流。从系统的观点来看，政产学协同培养人才实际上是政府、企业、高校三个子系统相互作用、相互依赖、相互协同，共同构成的一个动态、开放的网络系统和运行机制。但是，考虑到政产学协同人才培养在不同主体驱动因素的作用下会产生很大的差异性，因此，分析政产学协同人才培养的过程影响机制将是本文的重要内容。

（一）政府相关因素对政产学人才合作培养的影响

从政府政策层面，美国曾明确提出政产学协同人才培养的政策目标，从而建立有效的战略联盟来进一步保障政产学人才培养的顺利开展。日本在政产学协同人才培养过程中，政府充分发挥了主导作用，特别是从政策制定的高度进行了明确的顶层设计，从而形成自上而下强有力的战略联盟。同时，德国通过制定极具完善的制度体系，将政产学人才协同培养过程中的战略联盟作用发挥到了极致，从而在政府的“引导”下保障政产学人才培养的顺利开展。在此基础上，美国形成了由政府组织，财政牵头出资引资，并形成渠道资金筹集机制以设立科技开发基金的方式对产学研联合进行投资的NSF（National Science Foundation，United States，美国国家科学基金会）模式。德国政府通过制定完备的法律法规，对学校和企业双方的职责及相关的激励与制约措施进行明确规定，形成了“双元制”教育模式。同时，政府是教育资源配置的主导者，各级政府部门的作用往往是通过制定财政补贴、贴息贷款、税收减免等优惠政策，或设立政产学合作专项基金，保障政产学合作教育计划的实施，特别是鼓励、引导和支持高校在人才培养过程中有企业的积极参与，确保产学合作的顺利实施（赵金华和王章豹，2013）。当然，政府部门发挥作用往往通过建立一种能够协调高校和企业合作的组织机构，或者类似于“产学研合作工程”的工作领导小组，变革原有的政府部门与高校、产业部门的单向联系状况，摆脱校企合作多是高校与企业自发进行的被动局面，在促进高校和企业的交叉联合、利益协调等方面发挥更大作用（张竞和王沛民，2003）。综上分析得出：

假设 1：政府驱动因素对政产学协同人才培养绩效具有显著的正向影响作用。

（二）企业相关因素对政产学人才合作培养的影响

企业参与政产学协同人才培养往往通过合作平台建设，如美国企业通过组建 “工程教育中心”（engineering education center）来全面指导产学之间人才合作培养过程，从而保障各项工作的顺利开展（曾令奇，2005）。同时，企业往往选择基础条件齐全和优势明显的产学研合作科技园区，通过校企联合建立技术创新中心、工程（技术）研究中心、校企合作委员会、校企合作研究院和重点实验室等形式，分类建设一批产学研结合示范基地，从而促进人才合作培养绩效的提升（赵哲，2013）。首先，从企业资源投入层面，最主要的支持方式就是提供重要的人才培养经费，提供学生实习所需的场所和课题，同时企业为高校提供技术人员和实践研究员，充裕高校的师资队伍，以帮助企业人员掌握最新的研究动态，提高他们的素质和能力，以备在企业未来研发活动中发挥更大的作用。其次，在企业资源投入方面，还表现在行业专业组织在资源共享、人才培训及文化传播等方面的优势，特别是加强产学合作的信息平台和产业集群基础设施建设，包括生产配套服务的公共研发和公共检测平台，发展各类专业中介与咨询机构，发挥信息沟通、技术评估、法律咨询、组织协调和知识产权服务等作用，以此扩大本行业的产学研合作层次与范围（张力，2011）。最后，企业对人才需求的强烈程度会逐渐形成推动协同人才培养的重要动力。特别是产业集群的发展离不开高校的智力支持与人力资源输送，企业需要从高校汲取大量不同层次且训练有素的高级劳动力，具体表现：需要各类研究型、教学科研型以及教学型等高校在社会化大生产分工协作中，为传统型、创新型和资源型等产业集群积极构建与集群产业链相适应的集高端研发人才、创新型和应用型人才及高级技能型人才于一体的人才培养体系链（李培根，2008）。综上分析得出：

假设 2：产业驱动因素对政产学协同人才培养绩效具有显著的正向影响作用。

（三）高校相关因素对政产学人才合作培养的影响

产学协同发展理念经历了不同时期的发展阶段，从而对人才培养的理念也产生了重要的影响。首先，从游离分散到整合协同，高校引领产业集群发展（布鲁贝克，2001）。

与此同时，高校与产业集群的协同互动经历了观念和结构的根本性变革，遵循“高等教育中心—科技中心—产业聚集中心”的演进规律。同时，高校科学研究与社会服务紧密联系的必要性和紧迫性，已成为高等教育政策话语的主要议题。而伴随着美国高校诸多现代教育理念的兴起和传播，如倡导社会服务的康奈尔计划、威斯康星思想和重视研究生教育的霍普金斯理念等，高校逐渐走向社会中心，开始成为推动新技术革命和新兴产业集群经济发展的核心力量。因此，高校合作理念的转变也会成为推动产学协同人才培养的重要影响因素（赵哲，2011）。其次，从教学模式层面，高校对人才合作协同培养的模式也存在不同的侧重点，从而形成适合本国国情的协同人才培养模式，如：①德国的“双元制”模式；②美国的“企业-职业教育契约”模式；③澳大利亚的“TAFE 教育”[①]模式；④英国的“工读交替”模式；⑤新加坡的“教学工厂”模式；⑥奥地利的“模拟公司”模式；⑦日本的“企业访问”模式。从设置角度来分，大体上可分为 3 种基本模式：①独立设置模式；②渗入式设置模式；③互补式设置模式。从这些模式分析中，我们可以看出，高校选择不同的人才合作模式，所产生的人才协同培养绩效会产生不同的影响（李伟铭和黎春燕，2011）。最后，当高校成为创新的重要动力源时，如何从各项激励体制中推动产学合作成为这一时期高校转型发展的重要课题。当然，激励机制包括对校企联合高校、科研院所和产学合作的技术研发中心等重大科技创新平台的专家顾问团队，以科学的考评机制进行激励评价，特别是根据围绕产业集群成长的不同阶段和特色产业集群发展的实际状况，调动各方力量参与原始创新、集成创新和引进消化吸收再创新，并将产业结构优化升级和经济增长方式的考核方式作为创新评价指标，从而提升高校在企业创新竞争力中的作用（杜德斯达，2006）。综上分析得出：

假设 3：高校驱动因素对政产学协同人才培养绩效具有显著的正向影响作用。

（四）战略联盟

构建政产学合作的战略目标是保障协同人才培养的重要前提，而政府、企业和高校驱动协同人才培养的相关因素会直接促使政产学战略目标的形成。例如，美国一系列有关科技战略规划包括《开启未来：迈向新的国家科学政策》《走向全球——美国创新的新政策》均对产、学、研的合作提供了相应政策，其中明确了政产学合作教育的战略目标，并且制订了一系列实施计划，由美国国家工程院（National Academy of Engineering）与美国国家科学基金会两大政府组织提供前期的资助计划，成为前期运营政产学协同人才培养的重要支持（陈浩和董颖，2014）。此外，德国政府颁布有关产学协同人才培养的立法多达 20 项，如《联邦德国基本法》《德国公司法》《青少年劳动保护法》《联邦职业教育法》《职业培训条例》《职业教育促进法》《实训教师资格条例》《2001 年职业教育报告》《教育制度结构计划》《终身学习的新基础：继续扩展继续教育为第四教育领域》等，已形成了一整套周密的法规体系，使德国政产学协同培养人才有法可依。这些政产学三方达成的制度体系，进一步形成了指导政产学合作教育的战略目标、实施计划，

① TAFE：technical and further education，技术与继续教育学院。

同时，也形成了人才合作培养的相关利益共享和责任共担机制。而相对更倡导政产学合作的日本，更是形成了官产学合作的价值观和文化体系，如日本素有官产学合作的文化基础，而这些文化和价值观直接推动了日本确立“产学研合作”的基本国策，进而推动产学研协同人才培养的发展。综上所述，我们得出：

假设 4：战略联盟在政产学协同人才培养过程中具有显著的中介作用。

（五）知识联盟

由知识联盟相关概念和原理出发，知识联盟主要通过组织之间的结盟方式，共同创建新的知识和进行知识转移（陶长琪和徐小丽，2010），具体表现为企业、高校和科研院所之间通过各种契约而结成的优势互补、风险共担的松散型网络组织，通过共享知识资源促进知识流动和创造新知识（Lorange and Roos，1993）。而政产学之间的知识联盟是在社会中介服务组织及政府适当参与下，企业、高校、科研院所以提高创新能力与实现创新战略目标为导向，通过知识获取、传递、运用与反馈等促进知识的流动、公共共享的知识学习合作机制，从而形成一个优势互补、协同创新的网络组织，推动协同合作成果的发展（麦耶斯，1998）。当然，知识联盟过程中，知识的形态又会以显性知识和隐性知识的两种状态存在，其中显性知识指的是可以使用书面文字、图表和数学公式加以表述，并且可以通过文件、资料、图形等符号进行沟通的知识；而隐性知识是指人们在做某种事情时的行动中的知识，即隐藏在行动中的知识，只能依赖于个体自身体验和体悟的知识。同时，隐性知识往往比显性知识的共享更具有价值。因此，根据知识属性的不同，隐性知识的传播表现为知识传授者将其在长期实践中慢慢摸索与总结出来的隐性知识如经验、方法、技巧、体会及诀窍等，通过各种方式进行传递和显性化（秦晓燕，2009）。由于这些有效的方法与经验深藏在个人价值观念与心智模式中，是不易言传和模仿的，在人才培养中更具有扩散价值，因此，更需要产业、高校和政府在进行人才协同培养过程中高度注重在隐性知识传播上的联盟（简世德等，2010）。综上分析得出：

假设 5：知识联盟在政产学协同人才培养过程中具有显著的中介作用。

（六）组织联盟

政产学合作最有力的推动因素还包括政产学合作组织的构建和合作模式的选择，这是政府、企业和高校相关因素影响政产学合作的重要表现形式，同时，也会对政产学合作绩效的提升产生直接的影响。关于这方面的研究，许多学者也进行过广泛的探讨。黄义武（2008）指出，建立跨学科的产学合作教育模式是保障人才高效产出的重要手段。同时，构建各类合作组织，如人才合作培养委员会，成员来自政产学各合作单位，并在委员会下设立人才培养、科技合作、教育培训等工作部门。此外，设立校企、校地合作办公室，对加强政产学合作的沟通和协调具有重要的作用。当然，网络化的政产学合作模式也是当前发展的重要趋势，并在推动政产学合作教育发展方面表现出强有力的后劲。具体表现：企业在实现某一创新战略目标的过程中，为共享知识资源促进知识流动和创造新知识，与其他企业、高校和科研院所之间通过各种契约而结成优势互补风险共担的网络组织（Lorange and Roos，1993）。除此之外，政产学合作教育还表现为不同的行业、不同的部门之间协同运作的教育系统工程。为保证合作教育的健康发展，各级政府必须牵头设立适当的组织管理协调机构，通过联合中介机构、金融机构、产业部门、高等院校和科研院所，促进合作教育的顺利发展（曾令奇，2005）。综上分析得出：

假设6：组织联盟在政产学协同人才培养过程中具有显著的中介作用。

（七）政产学协同人才培养绩效

协同人才培养绩效主要体现为科学研究、人才培养和产业技术创新之间协同互动所产生的人才培养绩效。当然，由于政产学合作路径的不同，势必会产生不同的人才合作培养路径，通过衡量政产学人才合作培养路径的多样化程度，可以有效地判断政产学合作的强度及其人才产出情况（Geuna and Nesta，2006）。因此，本文主要从测度政产学人才合作路径及其合作强度出发来定义和测量人才协同培养绩效。首先，在科学研究方面，政产学合作对人才培养的绩效主要表现为企业研究人员每年要与高校共同指导学生以及合作培养在职学生。同时，在产学合作申请专利、创立新公司即学术创业、提供技术咨询服务的过程中，产学人才合作绩效主要表现为开展企业技术人员培训项目和向产业输送毕业生等形式（Bercovitz and Feldman，2011）。Boardman（2009）在对产学合作绩效的路径模式分析中特别强调了人才培养中合作路径包括联合资助和共同指导研究生、积极开展产业技术人员培训项目以及参加产业研发人员组织的会议或研讨会。de Fuentes 和 Dutrénit（2012）认为多样化的产学合作路径才能全面分析产学合作绩效，其中也重点提出人力资源（主要指学生和高校科研人员）在产业部门中的流动。Schartinger（2002）根据正式程度对产学合作绩效进行进一步分类，其中也明确将联合培养研究生、积极开展产业技术人员培训项目、为合作企业输送毕业生作为创新绩效评价的重要方面。Wright 等（2007）同样从知识属性即隐性知识和显性知识的分类中提出产学合作绩效也应该包括学生就业以及研究人员在高校科研系统和产业之间的流动。

三、实证研究

（一）样本与数据收集

政产学协同人才培养主要是满足企业发展的人才需求，因此本文调研的对象主要选择浙江省高新技术企业和地方特色产业部门，包括杭州、湖州、嘉兴、金华、丽水、宁波、衢州、绍兴、台州、温州和舟山等多家生物医药产业（浙江升华拜克生物股份有限公司、浙江佐力药业股份有限公司、浙江我武生物科技股份有限公司）、新能源产业（天能电池集团股份有限公司、超威集团、贝盛光伏股份有限公司、浙江晶日照明科技有限公司）、先进装备产业（诺力股份、星光农机股份有限公司）、金属新材产业（浙江富钢集团、浙江久立集团、金州集团）等。为尽量保证问卷信息的有效性，问卷发放时要求问卷由企业主管人事，包括人才招聘和培训的负责人，以及负责政产学合作的主管人员进行填写。这部分人员在企业开展政产学合作、实现人才的有效培养方面具有丰富而真实的经验，因此，拥有足够的信息和知识来回答问卷中的相关问题。

在确定样本之后，开始数据收集过程。首先，对浙江大学、清华大学、北京大学、复旦大学、上海交通大学、南京大学、哈尔滨大学、西安交通大学等高校科研机构里从事政产学合作创新项目的 30 名专家与学者进行深度访谈，了解政产学合作创新过程中战略、组织和知识等要素对人才协同培养的影响机制和协同人才培养绩效的影响等情况。访谈工作主要完成了本文的两个目的：第一，验证研究的初步设想，检验初始假设是否成立；第二，通过对专家的访谈，进一步验证了研究模型的表面有效性（face validity）和各变量的测度，从而提升了本问卷设计的合理性。其次，为了保障问卷设计的可靠性，在访谈的企业里进行了小范围问卷前测，特别是根据反馈意见，对问卷的各项指标合理性、表述方式和语言进行完善，以保障在大范围发放问卷后，各变量题项设计能通过信度和效度的检验，最终完成问卷设计。最后，严格按照样本选择原则和被调查对象选择原则的问卷设计完成后，大范围问卷调查工作于 2014 年 3 月初开始，至 2014 年 11 月底完成，历时 9 个月。主要采用线上线下两种调查方式：第一种是线上途径。网上填写问卷，主要以电子邮件的形式，首先通过浙江大学发展战略研究院与调研样本即各类企业的负责人取得联系，说明调研目的和重要性，之后向其发送问卷，问卷发送出去后，每星期与被调查者进行联系，以提高问卷反馈效率。第二种是线下途径。主要形式为发送普通邮件、委托他人实地发放问卷、利用访谈现场发放问卷等。此次调研共发放问卷 339 份，收回 302 份，有效问卷 204 份，问卷总有效率为 60.2%。样本基本情况如表 1 所示。

表 1　样本基本情况

基本特征		样本数量	百分比	基本特征		样本数量	百分比
企业性质	国有	6	2.9%	职务	普通研发人员	27	13.2%
	民营	191	93.6%		人力资源主管	26	12.7%
	跨国	7	3.4%		董事长（总经理）	85	41.7%
企业规模	100 人以下	70	34.3%		其他	66	32.4%
	100~300 人	62	30.4%	是否开展产学研	否	100	49.0%
	301~500 人	31	15.2%		是	104	51.0%
	501~1 000 人	17	8.3%	是否建立人才培养机构	否	96	47.1%
	1 000 人以上	24	11.8%		是	108	52.9%

续表

基本特征		样本数量	百分比	基本特征		样本数量	百分比
企业成立年限	2 年以下	13	6.4%	高校联培比例	5%以下	101	49.5%
	2~5 年	36	17.6%		5%~10%	47	23.0%
	6~10 年	78	38.2%		11%~20%	40	19.6%
	11~20 年	49	24.0%		20%以上	16	7.8%
	21~30 年	20	9.8%				
	30 年以上	8	3.9%				

注：部分数据因四舍五入合计不为 100%

（二）变量的测量

（1）自变量的测量。首先，政府驱动因素主要用从宏观政策、资源配置和组织保障机制等角度设计的三个题项进行测度，得出 Cronbach's α系数值为 0.744；其次，产业驱动因素主要用从合作平台建设、企业资源投入和企业人才需求等角度设计的三个题项进行测度，得出 Cronbach's α系数值为 0.802；最后，高校驱动因素主要用从合作理念、教学模式和激励机制等角度设计的三个题项进行测度，得出 Cronbach's α系数值为 0.822。系数值都大于 0.7，结果表明政府驱动因素、产业驱动因素、高校驱动因素的信度和效度均满足要求。

（2）中介变量的测量。首先，在评价战略联盟的因素中，可以用从政府层面的战略目标和战略计划，企业和高校层面的人才合作培养目标、人才培养价值观与文化、人才培养利益共享协议、人才培养责任共担机制等角度设计的题项进行测量，得出 Cronbach's α系数值为 0.950；其次，知识联盟因素主要用从显性知识、隐性知识、知识学习的公开化程度和共享社会情境等角度设计的题项进行测量，得出 Cronbach's α系数值为 0.829；最后，对组织联盟因素主要用从人力资源配置、协同创新委员会、网络化组织模式、协同人才培养模式和支持性中界组织等角度设计的题项进行测量，得出 Cronbach's α系数值为 0.928。系数值都大于 0.7，结果表明战略联盟、知识联盟、组织联盟的信度和效度均满足要求。

（3）因变量的测量。政产学协同人才培养绩效主要用从联合培养研究生、积极开展产业技术人员培训项目、为合作企业输送毕业生、联合资助和共同指导研究生等角度设计的题项进行测量，得出 Cronbach's α系数值为 0.961，大于 0.7，结果表明政产学协同人才培养绩效的信度和效度均满足要求。

（三）研究结果

1. 变量间的两两相关系数检验

根据变量间关系以及整体模型，本文将选用结构方程模型（structural equation modeling，

SEM）来检验模型与数据的拟合情况，并且验证变量之间结构关系是否合理。在对变量间关系进行分析前，需要检验变量两两间的相关性，如表 2 所示。

表 2 变量的相关系数矩阵

系数	B_1	B_2	B_3	C_1	C_2	C_3	P
B_1（高校驱动）	1						
B_2（产业驱动）	0.732**	1					
B_3（政府驱动）	0.676**	0.575**	1				
C_1（战略联盟）	0.478**	0.462**	0.642**	1			
C_2（组织联盟）	0.479**	0.500**	0.653**	0.842**	1		
C_3（知识联盟）	0.463**	0.443**	0.587**	0.817**	0.835**	1	
P（人才培养绩效）	0.364**	0.439**	0.330**	0.617**	0.511**	0.569**	1

**表示在 0.01 的水平下显著

2. 整体模型的关系分析

1）数据正态性检验

本文的全模型涉及三个自变量、三个中介变量、一个因变量，故在探讨自变量、中介变量、因变量的中介机制时采用结构方程模型展开分析。结构方程模型的分析前提是变量数据符合正态分布。表 3 对涉及的自变量——高校驱动（B_1）、产业驱动（B_2）、政府驱动（B_3），中介变量——战略联盟（C_1）、组织联盟（C_2）、知识联盟（C_3），因变量人才培养绩效（P）进行描述性统计分析，引入偏度与峰度检验。通常要求当所有变量题项偏度不超过 2，峰度不超过 5 时，变量数据符合正态性分布要求（Ghiselli et al., 1981）。表 3 数据显示，所有变量均达到正态性分布要求。

表 3 变量描述统计与偏度、峰度检验

变量	N	极小值	极大值	均值	标准差	偏度		峰度	
						统计量	标准误	统计量	标准误
B_1	204	1.00	7.00	5.303 9	1.202 63	−1.025	0.170	1.083	0.339
B_2	204	1.00	7.00	5.093 1	1.248 33	−0.722	0.170	0.200	0.339
B_3	204	1.33	7.00	5.274 5	1.108 17	−0.769	0.170	0.773	0.339
C_1	204	1.00	7.00	5.129 1	1.326 11	−0.996	0.170	1.016	0.339
C_2	204	1.00	7.00	5.095 1	1.276 61	−0.823	0.170	0.891	0.339
C_3	204	1.25	7.00	5.215 7	1.135 81	−0.756	0.170	1.043	0.339
P	204	1.00	7.00	4.668 3	1.530 98	−0.600	0.170	−0.259	0.339
有效的 N	204								

2）全模型

在正态分布的基础之上，采用 AMOS 结构方程分析模型处理软件开展全模型分析，初始模型如图 1 所示。模型包含七个潜变量，包含高校驱动联盟、产业驱动联盟、政府驱动联盟三个自变量，战略联盟、组织联盟、知识联盟三个中介变量，以及人才培养绩效（这里简化表述为“绩效”）一个因变量。三个自变量分别用三个题项测度，三个中介变量依顺序分别用六个、五个、四个题项进行测度，因变量用九个题项进行测度（图 1）。

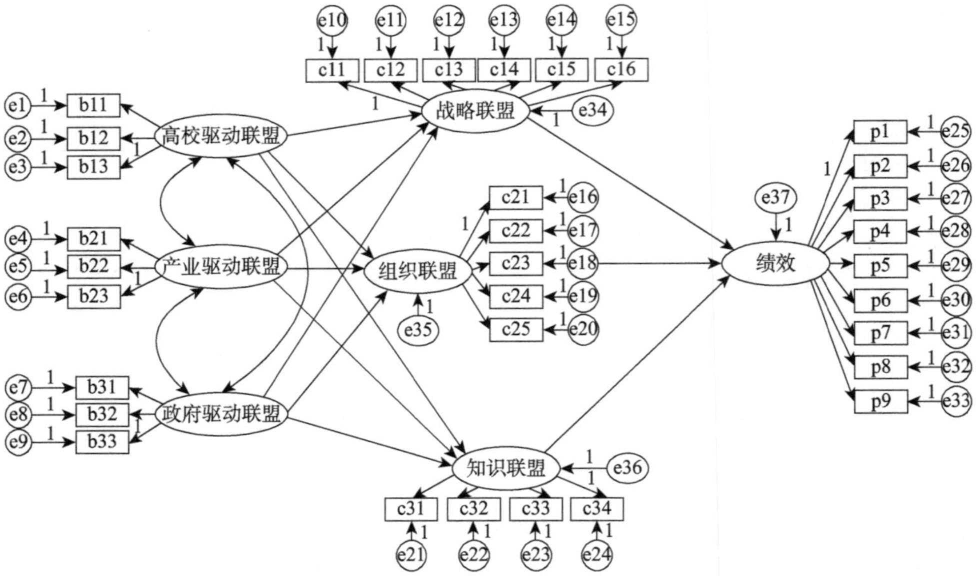

图 1　结构方程初始模型

3）模型检验与修正

表 5 对初始模型的匹配度进行了描述，列举了重要的模型拟合优度指标，包含 CMIN（卡方值）、CMIN/DF（卡方比自由度）、NFI、RFI、IFI、TLI、CFI、RMSEA 等。好的结构方程模型通常要求 CMIN/DF 值处于 1 至 3 之间，NFI、RFI、IFI、TLI、CFI 数值大于 0.9，RMSEA 小于 0.08（吴明隆，2009）。在模型比较复杂时，一个或少数拟合指标不足是可以接受的。基于表 4 的数值反馈，本文的结构方程初始模型适配度指标有待提高。

表 4　初始模型拟合优度指标

指标	CMIN/DF	CMIN	NFI	RFI	IFI	TLI	CFI	RMSEA
取值	3.664	1 758.763	0.764	0.741	0.817	0.797	0.815	0.115

依据 MI 值进行修正，对误差项 MI 值较大的配对进行总结，如表 5 所示，提取较大的 MI 值的误差残差项，进行修正。依次类推，对误差项进行残差的 MI 值修正处理，得到最终模型的适配度指数，如表 6 所示。由此，全模型经修正后得到了较好的适配度指标。

表 5　MI 值评价

配对	MI 值	配对	MI 值
e32—e33	60.694	e10—e13	10.972
e30—e32	11.709	e10—e11	19.717
e25—e28	10.359	e8—e7	63.312
e12—e13	34.712	e9—e8	14.948

MI：误差项共变关系指数

表 6　修正后的模型拟合优度指标

指标	CMIN/DF	CMIN	NFI	RFI	IFI	TLI	CFI	RMSEA
取值	2.074	889.806	0.881	0.853	0.934	0.918	0.933	0.073

在模型达到适配度的要求下，全模型的最终参数估计值如表 7 所示。

表 7　模型最终估计值（N=204）

模型			标准化估计值	估计值	标准误	临界比	显著性
战略联盟	←	高校驱动联盟	0.237	0.251	0.132	1.620	*
组织联盟	←	高校驱动联盟	0.199	0.195	0.114	1.708	*
知识联盟	←	高校驱动联盟	0.157	0.155	0.096	1.904	不显著
战略联盟	←	产业驱动联盟	0.020	0.020	0.084	0.235	不显著
组织联盟	←	产业驱动联盟	0.060	0.059	0.101	0.583	不显著
知识联盟	←	产业驱动联盟	0.023	0.024	0.116	0.210	不显著
战略联盟	←	政府驱动联盟	1.084	1.119	0.085	13.194	***
组织联盟	←	政府驱动联盟	1.041	1.065	0.108	9.908	***
知识联盟	←	政府驱动联盟	1.084	1.203	0.114	10.512	***
绩效	←	战略联盟	0.647	0.832	0.262	3.172	**
绩效	←	组织联盟	0.300	0.389	0.233	1.665	*
绩效	←	知识联盟	0.260	0.311	0.249	1.250	不显著

*表示在 0.1 的水平下显著，**表示在 0.01 的水平下显著，***表示在 0.001 的水平下显著

四、讨论与结论

从实证研究结果来看，高校驱动联盟因素、产业驱动联盟因素和政府驱动联盟因素对人才协同培养绩效都有显著影响，其中，高校驱动联盟显著在 0.01 的水平下标准化系数为 0.402，即该因素对人才协同培养绩效影响最大；其次，产业驱动联盟对人才培养绩效的影响在 0.05 的水平下（Sig.=0.003），标准化系数为 0.183，即该因素对人才协同培养绩效的影响次之；最后，政府驱动联盟对人才培养绩效的影响在 0.1 的水平下显著（Sig.=0.092），标准化系数为 0.159，即该因素对人才协同培养绩效的影响最弱。

当然，在战略联盟、组织联盟和知识联盟的中介作用下，高校驱动联盟因素、产业驱动联盟因素和政府驱动联盟因素对人才协同培养绩效都将产生不同程度的变化，具体研究结论如下。

1. 针对高校驱动因素

在政产学协同人才培养过程中，以高校为驱动的战略联盟因素对战略联盟和组织联盟因素有重要的影响，并在战略联盟和组织联盟因素的中介作用下，对人才培养绩效产生显著的影响作用。其中，高校驱动联盟因素对战略联盟的中介作用为0.237，战略联盟作为中介对人才培养绩效的影响为0.647；而高校驱动联盟因素对组织联盟的中介作用为0.199，组织联盟作为中介对人才培养绩效的影响为 0.300。从中可以看出：在浙江省社会经济发展背景下构建政产学协同人才培养模式的过程中，战略联盟作为中介因素，比组织联盟作为中介因素，在高校驱动联盟因素与人才协同培养绩效之间所发挥的作用更大，而知识联盟，作为中介因素，在两者之间所发挥的作用并不明显。总之，以高校为驱动的联盟因素对政产学人才培养绩效有重要的影响，并且将受到战略联盟和组织联盟的中介作用的影响，其中，战略联盟的中介作用影响更大。

2. 针对产业驱动因素

在政产学协同人才培养过程中，以产业为驱动的战略联盟因素，对人才培养绩效产生显著的影响作用，并且在三大驱动影响因素中占据重要的位置，但战略联盟、组织联盟和知识联盟因素的中介作用在产业驱动联盟因素和人才培养绩效之间的作用都不显著。从中可以看出：在浙江省现有的社会经济发展情况下，产业在政产学协同人才培养过程中所发挥的作用，没有在战略联盟、组织联盟和知识联盟等方面显示出有效的优越性，这也进一步说明，浙江省产业人才发展需求与现有人才培养存在着一定的脱节问题。具体表现为：企业并未在战略环节全面参与人才协同培养的政策制定过程，同时，在人才培养模式的组织建设中，以产业为主导的模式相对较少，还远未建立起产学之间全面的知识联盟。

3. 针对政府驱动因素

在政产学协同人才培养过程中，以政府为驱动的战略联盟因素对战略联盟、组织联盟和知识联盟因素都有显著的影响作用，并在战略联盟和组织联盟的中介作用下，对人才培养绩效产生显著的影响作用。其中，政府驱动联盟因素对战略联盟的影响作用为1.084，战略联盟作为中介对人才培养绩效的影响为 0.647；而政府驱动联盟因素对组织联盟的中介作用为 1.041，组织联盟作为中介对人才培养绩效的影响为 0.300；政府驱动联盟因素对知识联盟的影响作用为 1.084，但在知识联盟的中介作用下，政府驱动联盟因素对人才协同培养绩效的影响作用并不显著。从中可以看出：在浙江省社会经济发展背景下构建政产学协同人才培养模式的过程中，政府驱动联盟因素对战略联盟和知识联盟的影响最大，其次是组织联盟。同时，战略联盟作为中介因素，在高校驱动联盟因素与人才协同培养绩效之间所发挥的作用更大，其次是组织联盟的中介作用，而知识联盟，作为中介因素，在两者之间所发挥的作用并不明显。总之，以政府为驱动的联盟因素对政产学人才培养绩效有重要的影响，并且将受到战略联盟和组织联盟的中介作用的影响，其中，战略联盟的中介作用影响更大。

本文基于案例研究、理论分析和实证研究来总结目前浙江省政产学协同人才培养过程中不同的联盟驱动因素，在知识联盟、战略联盟和组织联盟的中介作用下，与协同人才培养绩效之间的数理关系，一方面，这种数理关系还需要更多的理论论证；另一方面，联盟驱动要素之间的协同关系本身会随着时间的演变发生新的变化，因此，在未来还需要进一步完善结构方程模型中的变量关系。另外，考虑到本文只研究了浙江省产业经济发展情况，以及政产学人才协同培养的问题，其数据收集的样本量特征还未具有普遍性的意义。因此，在后续的研究中还需要进一步扩大作为研究基础的样本数据。同时，应从实践出发，对政产学协同人才培养的实现路径以及三大驱动联盟因素和中介变量的测量进行进一步的分析与论证，以保障研究结论能够更接近我国整体的政产学协同人才培养的实际情况，从而使这种基于定量研究的结论真正成为解决我国公共管理现实问题的有效决策工具。

参 考 文 献

埃茨科威兹 H. 2005. 三重螺旋. 周春彦译. 北京：北方出版社.

布鲁贝克 J S. 2001. 高等教育哲学. 王承绪，郑继伟，张维平，等译. 杭州：浙江教育出版社.

陈浩，董颖. 2014. 略论“政产学”协同培养人才的机制和模式. 高等工程教育研究，(3)：67-72，105.

陈劲，项杨雪. 2010. 21 世纪科技人力资源开发探索：德国面临的挑战与实践. 高等工程教育研究，(6)：136-143.

杜德斯达 J. 2006. 美国公立大学的未来. 刘济良译. 北京：北京大学出版社.

黄义武. 2008. 多学科合作教育运行机制探究. 高等教育研究，(10)：52-55.

简世德，付孝泉，陈文波. 2010. 论高校隐性知识管理. 教育评论，(7)：19-22.

李培根. 2008. 构建创新人才培养体系之我见. 中国高等教育，(5)：20-22.

李伟铭，黎春燕. 2011. 政产学合作模式下的高校创新人才培养机制研究. 现代教育管理，(5)：102-105.

梁波. 2013-12-17. 日本技术转移机构的政策导向及其运行模式. http://www.chinatorch.gov.cn/jssc/gjjy/201312/6353c3e7a29741e784abb2ae77ff8e55.shtml.

麦耶斯 P S. 1998. 知识管理与组织设计. 蒋惠工，等译. 珠海：珠海出版社.

秦晓燕. 2009. 默会知识理论对研究生创新能力培养的启示. 中国电子教育，(4)：22-24.

陶长琪，徐小丽. 2010. IT 企业间知识共享策略的博弈及仿真分析. 情报杂志，(29)：230-233.

吴明隆. 2009. 结构方程模型——AMOS 的操作与应用. 重庆：重庆大学出版社.

徐平. 2003. 美国合作教育的基本模式. 外国教育研究，(8)：1-4.

曾令奇. 2005. 合作教育运行机制初探. 中国高教研究，(3)：81-82.

张竞，王沛民. 2003. 国外企业与大学建立合作关系的创新及启示. 比较教育研究，3（3）：88-90.

张力. 2011. 政产学协同创新的战略意义和政策走向. 教育研究，(7)：18-21.

赵金华，王章豹. 2013. 政产学合作开展工程实践教育的探讨. 高校教育管理，(2)：121-128.

赵哲. 2011. 责任与使命：大学服务社会的历史渊源与现实诉求. 现代教育管理，(5)：54-58.

赵哲. 2013. 高校与企业、科研院所协同创新的现状与对策. 现代教育管理，(6)：31-36.

Arundel G. 2007. The mobility of university inventors in Europe. The Journal of Technology Transfer，32（3）：195-215.

Bercovitz J，Feldman M P. 2011. The mechanism of collaboration in inventive teams：composition，social network，and geography. Research Policy，(40)：81-93.

Boardman P. 2009. Government centrality to university industry interactions：university research centers and the industry involvement of academic researchers. Research Policy，38 (10)：1505-1516.

de Fuentes C，Dutrénit G. 2012. Best channels of academia-industry interaction for long-term benefit. Research Policy，(41)：1666-1682.

Geuna A，Nesta L J J. 2006. University patenting and its effeets on academic research：the emerging European evidence. Research Policy，35 (6)：790-807.

Ghiselli E E，Campbell J P，Zedeck S. 1981. Measurement Theory for the Behavioral Sciences. San Francisco：Freeman.

Lorange P，Roos J. 1993. Strategic alliances：formation，implementation，and evolution. New York：Wiley-Blackwell.

Schartinger D. 2002. Knowledge interactions between universities and industry in Austria：sectoral patterns and determinants. Research Policy，(31)：303-328.

Wright M，Hmieleski K，Siegel D，et al. 2007. The role of human capital in technological entrepreneurship. Entrepreneurship：Theory and Practice，31 (6)：791-806.

经济中的信息、通信与自发秩序[①]

刘业进[②]

摘　要：经济系统是一种典型的复杂适应系统。经济系统主体间互动涌现出宏观层级上的秩序现象。高度有序的经济依赖于经济系统内灵敏有效的信息/知识创生、传播和利用，这实际上是复杂适应系统普遍存在的通信现象。它的规范含义是分立的产权、契约自由和信用，对经济绩效至关重要。

关键词：经济系统　信息和通信　涌现　秩序

中图分类号：F062　F069　F091

一、引言：生命世界中的通信

从一般意义上讲，生命世界通信无处不在，甚至可以认为信号通信和能量输入就是生命秩序的本质。没有信号通信和能量，生命将不复存在。生物物种各自系统发育的限制内，它们以令人吃惊的组合选择了各自的通信通道（性信息素、表面波通信、化学通信、触觉通信、听觉通信、电通信、视觉通信、仪式化通信、通过身体鲜艳颜色的通信……），这些不同的组合模式达到了令人类工程师印象深刻的效率（威尔逊，2008）。威尔逊把包括人类在内的几种生物共同绘制在一个三角范围内，以展示他们各自的通信特征。毫无疑问，由于有声语言的进化发明，听觉通信在人类通信中扮演了极其重要的角色（图 1）。

生命世界是一个开放系统。开放系统是一个与环境之间进行物质、能量和信息输入输出的系统。生命世界在我们直观感知中呈现的稳态实际上是一个物质、能量和信息连续不断交换着的动态稳态，其中信息与通信对于系统稳态的维系具有至关重要的作用。以人类个体为例，人是典型的信息与通信上的“双重继承系统”：一套是基因信息、另一套是文化继承而来的文化信息（社会规范、习俗、语言和制度等）。一套完整的基因信息就像一本操作手册一样全程指导和控制着人类从胎儿发育直至成年。而一旦降生于特定社会，特定社会的文化传统（一切广义人工制品）在一个“幼态持续期”被个体快速习

---

① 本文获得国家社会科学基金一般项目“基于现代演化经济学的‘中国经验’及其可持续性问题研究”（16BJL002）资助。

② 刘业进，男，管理学博士，首都经济贸易大学城市经济与公共管理学院教授、博士研究生导师，研究方向：演化经济学、新制度经济学。

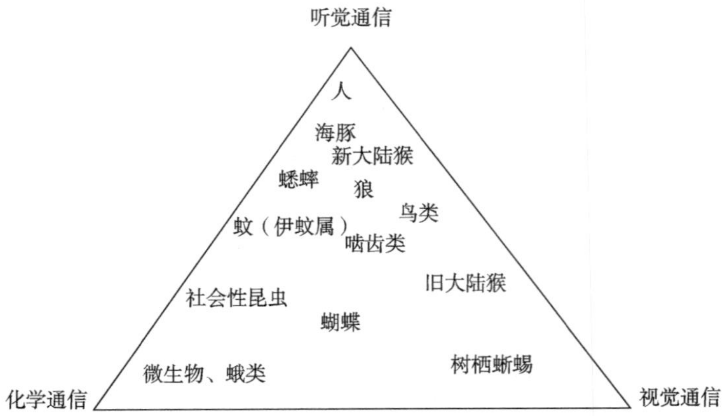

图 1　人类与动物世界中的通信

资料来源：威尔逊 E O. 社会生物学——新的综合. 毛盛贤，孙港波，刘晓军，等译. 北京：北京理工大学出版社，2008

得，这些规则指导控制着个体的行为，由此个体的人成为一个解剖意义上和文化意义上的双重存在。

二、人类中的通信

作为典型社会性生物，人类生存严重依赖于相互交易与合作。交易与合作的基础性条件就是人际通信。从意识的出现到自我意识的出现，再到心智现象的出现，最终，理性能力的产物构成了一个相对独立的社会科学事实的进化世界，文化演化颠覆性地改写了人类演化进程。文字完全的符号品质和语法的复杂性，可以创造出数量上具有潜在无限性的信息，甚至使系统本身的通信成为可能，这是人类语言的本质（威尔逊，2002）。考虑最一般的情况，人类中的通信分为：①语言通信，包括符号语言通信；②非语言通信，其中包含“韵律”和“准语言”两种（威尔逊，2002）。人类经济系统中的通信显然主要属于语言通信范畴。在经济系统中，任何组织之所以具有保持自身的内稳定性，是由于它具有取得、使用、保持和传递信息的方法。在一个更大社会范围内，取得、使用、保持和传递信息的工具更是不计其数（维纳，2007）。

任何通信都利用信息传递来实现。什么是信息？信息是指在一组两个或多个信号、符号中进行选择，并用于在两个或多个可行的备选策略（行动、状态、信仰）中进行选择的编码程序（皮里坎，2005）。因为环境的不确定性是一个终极事实，所以人类在做出选择时可资利用的有价值信息从不是唾手可得的，经常存在“信息赤字”。当存在“信息赤字”的时候，各种替代性方案被人们所利用，如常见的试错法、基于企业家精神的想象力判断等。只要存在环境的不确定性，就一定存在“信息赤字”，因而一个“一般达尔文演化”过程不可避免。

由于独特的符号语言能力、自我意识、心智能力和互惠能力，人类合作秩序的核心构建其实是“自组织”秩序。何谓自组织过程？自组织过程是指所需要的部分或全部组织过程信息由构成组织的个体自己来提供的组织过程（皮里坎，2005）。在不同的抽象层级，人类个体、企业组织、产业都可能是提供信息的主体。一个供应链上的数十家企业之间的通信完全可能主要由这些企业自己完成，而不需要一个中央控制指挥者（后者在理论和时间上都证明是不可能的）。

结合生物演化和文化演化，人类从纯基因演化到科学技术革命和数字时代出现，经历了八次具有重大转折意义的信息传递和通信模式转变，具体如表 1 所示。

表 1　基因-文化演化进程中人类经历的八次重大信息传递和通信模式转变

本体	层次水平	基因演化	前语言文化演化	语言文化演化	习俗性组织演化	象征性符号演化及符号语言演化	法律和习俗演化	科学技术革命	数字时代
互动者	科学技术组织	—	—	—	—	—	—	科学机构	科学机构和平台研发部门
	国家	—	—	—	—	支配性保护社团	国家	国家	国家和巨型平台企业
	组织	群体（有限条件）	群体	群体	群体	部落和家庭	家庭、部落和其他组织	公司和其他组织	平台和中间缔约组织
	个体	个体	个体	个体	个体	个体	个体	个体	个体
复制者	科学技术	—	—	—	—	—	经验知识	科学技术知识	科学技术知识、大数据
	法律	—	—	—	—	—	法律	法律	法律
	符号	—	—	—	—	书写系统	书写系统	书写系统	源程序代码
	组织	—	—	习俗	习俗	习俗	习俗	习俗	惯例
	个体	—	—	语言习惯	语言习惯	语言习惯	语言习惯	语言习惯	特定文化 DNA
	个体	—	行为习惯	行为习惯	行为习惯	行为习惯	行为习惯	行为习惯	特定文化 DNA
	基因	基因	基因	基因	基因	基因	基因	基因	基因（可能出现人工编辑基因）

注：互动者相当于基因进化中的表型载体，如人类个体；复制者相当于基因进化中的基因组。简而言之，复制者是“因”，互动者的性状和适应度是“果”

资料来源：Hodgson G M，Knudsen T. 达尔文猜想：社会和经济演化的一般原理. 王焕祥，等译. 北京：科学出版社，2013，有改动

三、经济中的知识和信息

当我们假定市场参与者是全知的（omniscient）、信息是完备的，那么就不存在哈耶克所说的“知识问题”。也正因为如此，一般均衡分析范式里面没有经济行为人有关知识的搜寻、传播和收集利用的内容。完备信息、零交易成本假设排除了对经济中的知识和信息展开分析。当我们面对真实经济，放弃还原论立场，走向一种观察人际互动的过程、动态演化和“适应过程中的问题解决”范式时，才会视知识问题为经济学重要议题。在阐述知识分工之前，我们先识别经济系统中的知识和信息。

（一）知识和信息

在哈耶克（1991）知识分工的意义上，知识和信息概念没有严格的区分。知识包括价格上的、数量上的知识，“有关如何得到和使用不同商品的知识”，“以及在什么条件下确实得到和使用这些商品这样一个基本事实”，也包括各行业中的技术性知识。哈耶克在“知识在社会中的利用”一文中，进一步划分了知识的种类，并举例说明何为有关特定时间和地点的知识。在经济学领域，哈耶克第一个在理性–科学时代明确宣称，科学知识不是全部知识的概括，还有许多非常重要但未组织起来的知识，即有关特定时间和地点的知识（the knowledge of the particular circumstances of time and place）。哈耶克定义的特定时间和地点的知识大致类似于这样的知识：波兰尼的“缄默知识”（tacit knowledge）或“未编码知识”，Becker 和 Murphy（1992）的协调分工的“一般知识”，以及波茨（Potts，2001）定义的“解决办法”。哈耶克举如下例证说明这些知识：正规学校教育毕业以后，一个人还要在具体的工作岗位习得很多对“当地环境的了解、特殊情况的了解”的特定知识才能胜任工作；知道“并未充分利用的或懂得能被更好利用的某人的技能”；“供应中断时能提取的储备”；可资利用的“不定期货船的空程或半空程”运输货物的机会；信息经纪人所知道的“即时机会”；“不同地方商品价差”的信息；等等。这些例证和 1937 年哈耶克著名的文章说明，在一般均衡分析所关注的商品的价格和数量两个维度的信息和知识之外，还存在远为广泛的其他重要维度的知识，即“有关如何得到和使用不同的商品，以及在什么条件下能确实得到和使用这些商品这样一个基本事实”的知识。

波茨（Potts，2001）把经济视为一个分立知识的协调系统。把传统上作为存量的知识动态化，仅当知识增长和系统结构变迁时经济才发生演化，而市场是一个知识产生和建设的机制。传统的市场是收集和处理信息的机制，波茨则对此提出质疑，认为市场不仅是处理信息的机制，还是“生成知识”的机制。“知识是一个状态还是一个过程？”波茨认为是后者。如何看待市场对于知识的理解很关键，如果把市场看作一个封闭系统，那么市场中的知识和信息没有差别。在演化论看来，市场是两种场所：把信息收集处理，并输入一个激励结构中从而协调资源配置；同时市场还是一个既存知识和新生知识接受检验的场所。波茨的知识概念是动态演化性质的，因此他认为知识是一种结构、过程和系统，存在于市场参与者的互动结构中。

马腾斯（Martens，2004）给信息、知识和学习以严格定义。信息是外部环境投射到人的感觉器官的信号。而惯例（routines）和知识是从视听信号和其他感觉信息涌现出来的。把信息整理转换成知识就是学习过程。在马腾斯（Martens，2004）看来，外部环境的信号是无限的。外部现实事件之间存在因果链。完备的知识需要无限的信息，任何关于现实的知识都是近似的。人类生理结构的有限性约束了信息处理能力的有限性，因此，无论有多少信息可资获得，人类关于当前的知识和过去的知识必然是近似的。马腾斯区分了信息概念和知识概念，通过学习过程，知识得以从信息海洋中抽取、精炼出来。进一步，马腾斯把学习定义为，从外部环境发出来的混沌的信息流中发现规律的过程。信息内容大小以信息被区分出来的代码多少来衡量，如二进制代码、十进制代码、26 个拉丁字母都是信号区分的表达法。从信号区分到信息，从信息到知识，从知识流到以惯例方式存储的知识，这是一个层次越来越高的系统涌现过程。学习过程也可以被理解为信息流被压缩成“规律”——更小容量的信息包的过程。

（二）分立的知识及其分类

与知识分工概念相联系的还有波兰尼（Polanyi）系统阐述过的“个人知识”（personal knowledge），以及哈耶克的“分散分布的知识”（distributed knowledge）。前者表明了知识的缄默成分，即大量知识是以日用而不知、日用而不说的形式存在的，即我们知道的比我们说出来的多。后者（哈耶克）表明知识在人群中的非对称分布，是知识分布对称性的打破。在复杂性科学里，这是秩序涌现出来的条件。分散分布知识的事实意味着群体中的知识分工，市场参与者之间的知识片断间互补性强。马腾斯（Martens，2004）从认知经济学的角度出发进一步阐述了分立知识理论。在马腾斯（Martens，2004）看来，专业化等同于分立知识、知识分工、劳动分工，它们是寻求认知经济化（认知节约化）的后果，因为个人的认知能力是有限的。经济演化的结果就是通过知识分立或知识的非对称分布这样的安排，松弛了人类的有限认知能力约束。人们不必要拥有同样的知识，却可以经济地（节约地）占有不同的知识，然后通过贸易交换产品就达到了共享彼此的知识的目的。因此贸易和分立知识必然是共存的。分立知识机制促进了人类知识的快速累积，大大超越了单个个体学习能力和新知识获得的可能性。关于分立知识的成本后果和不确定性后果的问题及其解决（通过制度降低交易成本）将在后文论述。

哈耶克一再强调有关“特定时间和地点的知识”。这种知识在经济均衡的形成过程中，或者用哈耶克的说法，在经济系统内众多行动个体的一致预期的形成过程中具有重要作用。特定时间和地点的知识也被称为“局部知识”和“事实性知识”。在 2000 年的《法律、立法与自由》中，哈耶克在提出“知识分工”思想四十年后，再一次重申这一思想，并对“事实性知识”和“科学知识”予以明确的区分。科学在相对简单或封闭系统中的探究是十分成功的，但在“有机复杂现象”中，对于特定事件的预测，它同样无能为力。所以科学知识不是有关特定事实的知识，而是有关假设的知识，只是这些假设至今未被系统化的反驳所证伪罢了（哈耶克，2000a）。通过个体分散决策，市场参与者运用自己的局部的事实性知识，在一个以价格体系为核心的交换系统中，“市场参与者所拥有的事实性知识”的收集和使用使生产者和消费者克服了不可避免的无知。哈耶克一再强调，“我们的文明乃是立基于对于无知的征服。……我们的文明以我们从不拥有的知识中受益这个事实为基础。具体的做法却不是他获得更多的知识，而是使他能利用那些广泛分散于个人之中的知识”（哈耶克，2000a）。正是那个远未被我们所感知或明确意识到的结构（“看不见的手”）有助于我们的经济活动。哈耶克强调的是以相对价格体系为核心的交换系统在促进和协调分工中的极端重要性。实际上，在现代社会的经济中，科学知识、事实性知识这二者都是重要的。但是对于人类的生存而言，事实性知识无疑处于第一位。即便是最原始的经济系统，也呈现出知识的不对称分布特征，因此也必须靠交换系统予以支撑。而交换系统的有效运转，都有赖于大量分散的局部知识的收集和利用。正是在这个意义上，哈耶克把人们从只看到科学知识的狭隘视角中拉回来，寻找回经济分析的中心议题。也正是在这个意义上，奥菲克（2004）认为交换和分工（从而也必然是知识的交换和分工）具有进化含义，它是人脑容量的增加和最终遍布整个地球的生态位扩张的进化驱动力量。

Lundvall 和 Borrás（2005）把知识分为四大类：①事实性知识（know what）；②原理性知识（know why）；③诀窍性知识（know how）；④关于谁拥有相关知识的知识（know who）。这种分类的第②类属于科学知识，其他三类则属于哈耶克所定义的特定时间和地点的知识。Lundvall 特别说明了这四类知识分别是什么及其产生和可能的存储方式。例如，从波兰尼那里继承来的诀窍性知识主要存在于各个企业边界之内，同时中间形式的企业组织，如关系性缔约关系组织，表明了诀窍性知识应被几个企业分享。诀窍性知识的典型学习形式是在学徒式关系中进行的，由于其意会性质，传递起来比较困难。谁拥有相关知识的知识日益重要，包括关于谁知道什么和谁知道如何做什么的信息。这种知识在高度专业化社会里相当于一种知识索引。

罗斯比（Loasby，1999）把 Ryle（1949）的“知道什么”和“知道如何”的两维度区分与直接知识和间接知识的两维度区分联合，形成 2×2 矩阵的关于知识的四类区分。“知道什么”的知识是指事实、关系、理论，这可从正规教育和新闻报纸、书本等渠道获得。这种知识又可以进一步细分为伦德瓦尔的“事实性知识”和“原理性知识”。“知道如何”的知识为了达到想要的目的而采取何时行动的能力和技巧，包括“操作技巧”和“认识到哪里何时这种技巧是适合的知识”。我们可以自己拥有“知道什么”和“知道如何”；我们也可以自己不拥有，但知道从哪里可以得到和发现这些知识。这是间接知识的维度。于是我们得到“直接地知道什么”“间接地知道什么”“直接地知道如何”“间接地知道如何”这四类知识。人类的大脑发展了大量的“知道如何”的潜力，专业化强化了个人的“知道如何”，同样专业化也强化了“知道什么”的知识。专业化和劳动分工扩充了群体知识的总量。劳动分工产生了增长，也产生了作为联合产品的知识分工（Loasby，1999）。罗斯比进一步细化了哈耶克知识分工的思想，并且进一步清晰阐述了劳动分工和知识分工的关系。

詹森和麦克林（2003）在一篇讨论知识传输成本和决策结构匹配的经典文献中，把知识分为“专门知识”和“一般知识”。他们把“专门知识”定义为“在代理人当中转换成本很高的知识”；而“一般知识”则被定义为“传递成本低廉的知识”。从定义来看，我们似乎有理由把詹森和麦克林的“专门知识”近似视作缄默知识或特定时间和地点的知识，而把“一般知识”近似视作明示的可编码知识，但不尽然。詹森和麦克林继承哈耶克的先驱性工作，首先假定知识的传递是有成本的，而且根据传递成本将知识分类，使其在基本意义上与哈耶克的观点一致，不过哈耶克当时提出知识分工是为了证明知识的分散分布事实与中央计划的知识需求之间的根本矛盾，从而证明中央计划经济的不可能性。因此哈耶克没有提出一个完整的关于知识的经济学理论框架，对于知识不对称分布的可能负面后果及其组织治理的含义的议题自然不会落入讨论范围之中了。詹森和麦克林继承和发展了哈耶克的工作，和哈耶克的工作具有很大的互补性。詹森和麦克林认为，专门知识转换成本高，无论在经济活动还是在企业中，要获得用于决策的专门知识，就要求把许多决策权分散化，由此产生权利的安排问题和代理问题。在资本主义经济体制中，产权束中的转让权是根本，它解决知识和决策权匹配的问题。特定时空下技术可能性边界和人类有限理性决定了知识必然是稀缺的。由于知识分工，“任何单个决策者或决策者集团所拥有的知识，只是人类所知道知识集的一个微不足道的子集”。有限理性意味着存储、处理、传输和获得知识是成本较高的行动。要实现“使决策权与可利用的知识匹配获取收益”，要么将知识转移给有决策权的人，要么将决策权转移给有知识的人，这取决于转移知识和转移决策权的相对成本。正是由于决策权和知识匹配引起的知识转移问题，詹森和麦克林详尽考察了知识的转换成本，并以此标准来区分知识的种类。他们认为转换知识的成本取决于知识的性质、组织环境、技术因素。单纯地买一本书不是知识转换。有效的知识转换“涉及人的大脑储存和处理能力，输入和输出能力，以及吸取知识的时间过程”。詹森和麦克林进一步举例说明了他们的知识概念。“专门知识，特定环境的专门知识就是一个例子，通常是同其他商品的生产连在一起的。……专有知识，包括个人的特殊技能、偏好，特定机器的专用性知识，特定的为利用资源或存货的知识，以及套利机会的知识，按照其定义，几乎难以或不可能加总和概括”（詹森和麦克林，2003）。

正统理论被认为是唯一值得关注和重视的“数量和价格”，在詹森和麦克林的理论里面属于“一般知识很好的特例”。数量信号容易加总以及在代理人中传递，价格信号也容易在代理人中传递。在詹森和麦克林的理论中，“科学知识”属于专门知识的范畴。由于分析的旨趣差异，科学知识在哈耶克的理论里则不是关注的重点。詹森和麦克林（2003）认为，“尽管科学知识的一般适用性不同于专有知识，但在代理人之间的转换成本较高，因此属于专门知识的范畴。科学通过从个别中抽象出一般，在混沌中建立秩序”。科学知识既有正统理论里“生产什么”和“如何生产”的知识，也有为生产活动的需求预测提供基础的知识。还有一类“抽象知识”不能清晰地划入专门知识或一般知识，它们可以是一般知识，如“基本数据处理的结果”，也可以是专门知识，如“经验知识”。詹森和麦克林举了许多这样的抽象知识的例子，“通过集中和分析特定环境‘通过时间和地位、收入、教育、年龄等因素’产生的知识，对于决策者来说也是很重要的信息。例如，中间商想要利用一艘半载货船，一方面他必须能够证实这艘船所在的位置、货物的运载条件等；另一方面，某个人决定是否充当中介人，以提高货船的利用价值，那么，这个人需要集中有关这艘货船的知识，如已载量、航线、能运载何种货物的最大量等。而这样的一些知识，对于充分利用特定的货船来说，是从具体环境中抽象出来的极为重要的知识”（詹森和麦克林，2003）。詹森和麦克林这里所具体说明的抽象知识重复了哈耶克的例子，因此这部分抽象知识就是哈耶克意义上“特定时间和地点的知识”的知识。此外，詹森和麦克林还举出另一些抽象知识，如一些日常生活与经济生产和管理活动中的知识。“应加以集中的知识，还包括在生活中一点一滴积累的知识。机器操作、写作、数学或统计学技能的运用，就是这方面的例子。法律、会计实务、契约实务以及控制有序交易的规则等方面的知识，也是决策的重要信息”（詹森和麦克林，2003）。

“可言传的知识”和“不可言传的知识”的区分（柯武刚和史漫飞，2000）大致等同于可编码的知识和缄默知识的区分。“可言传的知识”必定是可编码知识，如前述科学技术知识和事实性知识。“不可言传的知识”就是波兰尼的缄默知识。作为奥地利学派学者，柯武刚和史漫飞非常肯定缄默知识的地位和作用，我们的日常生活和工作一刻也不能离开它。在整个知识总体中，可编码知识远不是知识的全部。缄默知识的“诀窍”和“技能”的不可言传性意味着，要清晰地表述它是成本高昂的。与哈耶克以雕刻、滑雪、骑车、游泳、打绳结等为例类似，柯武刚和史漫飞以系鞋带为例，要为一个从未系鞋带的人描述动作要领是十分困难的。这样的例子举不胜举，从日常生活自理的种种、手工艺、医学手术到科学研究，无处不用到缄默知识。有理由设想，没有人敢让一位精通医学理论知识、具有医学博士学位，但从未临床实践过外科手术的医生给自己做心脏手术。缄默知识如何获得将在接下来的部分进行讨论。在经济发展战略上，重视引进外国技术和科学知识，轻视能够传播缄默知识和技能的外国专家和跨国公司，可能产生高昂代价和影响深远的后果。引进数种昂贵的先进设备而没有相应的惯例和技能（缄默知识）匹配，可能一个新产品也生产不出来。在制度移植方面，单靠引进成文的公司法、反垄断法、物权法、其他市场经济法规而不培养相应的非正式制度，是不能建成市场经济的。“没有一个拉丁美洲国家做到这一点（通过制度移植快速缩小与发达国家的差距），而大多数非洲国家在近五十年间反而加剧了落后。……为发展先进工艺必须有高技能的专家。没有这些专家，便无法引进先进工艺。既然高级工艺不会很快落户到民族工业，也就无须高级专家，因此也就无须培养这些专家”（波尔捷罗维奇，2006）。我们推测，制度创生和变迁之所以主要表现为一个自生自发的过程，与缄默知识的难以移植，淘汰、获得和更新缓慢等具有某种内在联系。综上，知识的分类如表 2 所示。

表 2　知识的分类

代表人物	可言传、可编码、传输成本低		不可言传、不可编码、传输成本高	
哈耶克	—	科学知识	特定时间和地点的知识/事实性知识	—
波兰尼	显性知识	—	缄默知识	—
伦德瓦尔	事实性知识	原理性知识	诀窍性知识	关于谁拥有相关知识的知识
赖尔	知道什么	—	知道如何	—
罗斯比	“直接地知道什么”的事实性知识和原理性知识	“间接地知道什么”的事实性知识和原理性知识	“直接地知道如何”的知识	“间接地知道如何”的知识
詹森和麦克林	一般知识	—	专门知识	—
柯武刚和史漫飞	“可言传的知识”	—	“不可言传的知识”	—
纳尔逊和温特	—	—	技巧	惯例

知识无非是一种适应机制。早在人类获得语言能力以前的数百万年，人类在地球上成功地生存着。“在人类七百万年的演化历程中，理性的光芒至多只是在最近的五万年内才开始影响我们的行为。那么，我们人类在 99%以上的时间里是依靠什么来决定我们的

行为的呢？”（叶航，2013）我们猜测，在没有语言和可编码知识让我们学习和传承生存和生活技能的漫长演化时期里，人类生存和生活技能靠什么获得？第一，自然选择作为设计者给予我们的行为偏好；第二，父代与子代以及群体内以“干中学”（learning by doing）方式习得的生存惯例和技能。然而重视缄默知识也不可偏废明示的可编码知识，否则，我们就不能对人类经济社会发展的几次重大转折做出有说服力的解释。言语和文字的出现极大促进了分工和交换，加速了文明进程；现代信息技术的出现使知识在经济发展中起着和传统工业社会中的资本一样重要的作用，而信息技术传输的是可编码的信息和知识。言语、文字和信息技术的出现与发展，是文明向更复杂形式的涌现，又证明了可编码知识在文明演进中的巨大作用。

（三）知识的互补性与递增规模报酬

无论知识如何分类，分布在群体中的知识之间不是彼此毫无关系的。“事实性知识”和“原理性知识”以及各行各业“知道如何”的知识，最终都服务于人类多样性产品需求的满足。同时，就是同一种产品所涉及的知识也由无数个组织和个人所掌握，这些分散分布的知识最终被协调起来生产产品和服务。分立的知识单独存在的时候是无意义的，仅当其被某种协调机制整合为整体时才能生产出产品。显然，这里存在一个知识的互补性。

汪丁丁（1997）对于知识的互补性做出了较早的系统研究。汪丁丁认为，知识的片段之间存在互补性，知识互补性有沿着时间的互补性和沿着空间的互补性。知识的互补性揭示了专业化和分工导致递增规模报酬，或者专业化分工导致递增规模报酬真正的微观基础在于知识的互补性。

汪丁丁（1997）把“传统”定义为知识传统。一个知识传统的形成基于三个条件：第一，知识分工；第二，群体内个体共享制度知识；第三，同一类型知识的各个知识片段之间存在互补性，不同类型的知识传统之间存在互补性。知识传统因为学习而演化。知识沿着时间的互补性被定义为，“人类知识内在的互补性首先表现为经历过的事件与将要经历的事件之间的互补性”。这样的例子有数学知识中的加法和乘法。其实一切借助于前人的知识而发展起来的知识传统都表明了知识沿着时间的互补性，如莱特兄弟早期设计飞机的基本构想，发展到今天如波音和空中客车这样的超大型宽体客机。这个过程中，知识是不断淘汰、提炼和累积的，后面发展起来的知识和前面的知识存在互补性。而知识沿着空间的互补性被定义为，“心灵从不同角度探究同一个问题所累积起来的知识是互补的”。这样的例子有语言学习；物理学中的相对论和量子力学；语言学中的“天生语论”和“联通主义”；政治学中的自由主义和古典自由主义。知识的空间互补性广泛存在于日常经济生活中，如亚当·斯密在《国富论》中描述的制针工厂中各个工艺环节之间形成互补性。市场中产业内的关联企业间存在互补性。范围更大的不同产业间也存在互补性。

经验观察表明，劳动力的流动是从那些知识稀缺的不发达国家流向知识丰富的发达国家；统一国家内，拥有知识的人更加倾向于聚集到一起，这些经验观察显示了知识的互补性（Martens，2004）。

内生经济增长理论把递增报酬的根源归结于知识的非竞争性和部分排他性。但是具有这种特点的物品不止知识，它们没有被用来解释递增报酬。而且，更大量地复制知识是否意味更低的生产成本？此外，经验证据表明，高度专业化劳动力和物质资本向不发达国家流动并不能带来增长。Martens（2004）认为有必要从认知经济学的角度解释递增报酬，这就要回到“知识的互补性”，是互补性知识投入联合生产过程，而不是生产规模导致了递增报酬。规模经济是一个模糊的概念，它不能清晰地说明为什么规模地增大这个表面现象产生了递增报酬。而分立知识的互补性很好地解释了这个现象。专家的团队联合生产中，投入的专家越多，专家之间展开越细的分工，每一个分工片段就越精确，效率越高，这种趋势一直进行下去，直到进一步的分工受到协调成本和市场规模的限制。此外，专家联合生产中具有完全相同的专业知识的人在一起，一方面有助于加快联合生产过程，另一方面也有利于解决生产中的问题。这两点递增报酬的原因都被模糊地归属在传统的规模经济解释中。递增报酬的知识互补性解释既适用于企业团队生产，也适用于企业外部产业内分工的知识互补性。

知识分工中的知识互补性展现了一种有限认知能力的节约机制。内生增长模型简单地设定知识的递增收益性质，而不论及知识的互补性。当一个社会的专业化程度较低的时候，高程度的专业化知识缺乏配套知识而难以得到应用，因此高专业化的人力资本拥有者就面临“去专业化”/“兼业化”的后果，这样会大大降低知识的使用效率。这证明了递增报酬不是源于简单的知识总量增长，而是源于匹配良好的具有内在结构的互补性协调的知识增长。

奥地利学派的庞巴维克解释了专业化为什么导致递增收益。专业化伴随着资本的使用，使用资本是一种迂回的生产方式，这种迂回生产是递增收益的源泉。资本是知识的存储形式，使用资本的迂回生产的本质是使用累积的知识。迂回性的实质就是“积累生产性知识所需要等待的时间（结网捕鱼中的结网时间）”（汪丁丁，1997）。劳动分工的背后是知识分工，劳动分工和专业化是一枚硬币的两面，专业化就是知识结构的专业化，专于一业意味着在特定专业领域累积知识。

内生经济增长关注递增报酬问题，较新古典模型设定要素报酬递减又进了一步。但是关于知识的“溢出效应”（Arrow，1962）、技术的“非竞争性和部分排他性”（Romer，1986）并不能提供令人十分满意的解释。正如汪丁丁（1997）的分析，我们应当研究知识的内在结构以确定新知识的效应。Krugman（1994）的“地理增长集群中的递增报酬”较为接近知识互补性解释。在一个经济地理聚集区域内，共享的劳动力市场、专业化投入和服务、知识和信息的流动等因素带来了“外部经济”。这里的“外部经济”实质上是空间知识互补性所致。

四、经济中的通信

哈耶克把价格机制视为（不是比喻意义上的）经济系统的通信工具，而维纳讨论了更一般的人类社会中的通信问题。维纳（2007）指出，在一个过于大的社会里，社会成员之间无法直接接触。的确，在复杂的经济系统里，我们对我们生活中所用到的知识和我们服务的对象几乎一无所知。在维纳（2007）看来，出版物、无线电、电报、邮递、剧院、电影、学校、教堂就是取得、使用、保持和传递信息的工具。任何有秩序现象背后都有其通信机制作为支持，生命世界和人工制品世界都是如此。

经济系统内的通信机制主要分为两类：一类是科层组织内部的指挥-服从；另一类是价格机制。经济系统中的通信所要解决的问题源于分工，以及与此相关联的个体理性和个体能力的有限性。当通信用于第一类情形时，解决内部协调问题；当通信用于第二类情形时，解决外部协调问题。

（一）第一种情形，组织科层中的通信

经济学里用“市场海洋中有意识的小岛”表达对企业存在的疑惑。市场协调人类分工很成功，为什么还需要科层组织及其指挥-服从体系呢？从信息和通信的角度，原因在于缄默知识不易传播的性质、个人技巧和企业惯例“靠做知道”（to know through doing）的性质。当然企业存在的探索已经发展出非常丰富的文献，如西蒙的“减少不确定性”、温特的“休战”说、科斯的“交易成本节约”、德姆塞茨和阿尔钦的“队生产”等，这里仅从系统通信的角度讨论企业的功能。

经济学特别重视市场这只“看不见的手”的协调作用，“给予市场机制头等重要的地位”。但是在市场与组织并存的现实世界中，有大量的经济活动发生在组织中，这就证明在一定情况下，组织提供了比市场更大的优势。西蒙（2004）认为，组织的优势在于“组织内部有机会进行分散化决策”。这似乎大大出乎人们的意料。员工的忠诚和组织认同、组织所处的局部信息环境为组织的分散化决策提供了机会。高度集权化的结构中，所有重要决策都由中枢层来做。而经济组织不是这样一个高度集权化的结构。西蒙（2004）认为组织内部分散化决策如此进行，“将信息需求局部化和最小化，正如市场一样。事实情况可以在组织的某一场所决定，只要作决定所需的多数技能和信息都是局部拥有的。然后这些情况可汇报到‘集中点’，决策的产生是执行一个巨大计算机程序的结果，每一个子程序都有自己特定的任务，只依赖于局部信息源。任何一个人或群体不需要在决策的所有方面都是专家。因此，经营组织像市场一样，是巨大的分布式计算机，其决策过程是非常分散化的”。西蒙给我们描绘了一个组织科层内分散化决策的信息收集、传递和使用机制。这纠正了我们一般把科层比作市场的粗浅看法，即认为组织科层体系内一切信息都汇集至组织中枢，一切决策都发自中枢。实际上组织的科层体系利用分层放大控制原理很好地解决了利用局部的少量信息处理复杂生产过程的问题，克服个体的有限理性和合作的潜在冲突，生产了超出任何单个心智的复杂产品。

杨小凯（1984）的经济控制论研究证明，分层控制的分散决策机制分散风险，不会因为个别分组故障而导致系统瘫痪；分层控制对于控制器（各个层级中的管理单元）的信息存储处理能力要求相对较低；分层控制可以在保证分工协作的广泛关系前提下使通

信联系数大大减少①。科层体系最终服务于特定产品的生产，特定产品本身的构造、生产过程、产品和市场相联系的供需变化状况等所有相关方面的信息涉及上千个变量。这些变量被置于科层分层体系的控制中。也就是说，企业科层系统提供了最终产品信息包的"近可分解"识别、理解和处理机制。在这个意义上，杨小凯指出，分工协作的经济组织可以看成是信息放大器，将差异度很小的资源组合成信息量极大的众多产品；同时经济组织又是一个信息通道，它滤掉了资源组合的若干种状态，选择了适合人类需求的资源组合状态并将这一信息传输给市场。一场飓风卷起的一堆钢铁掉下来不会变成一架波音飞机。构成波音飞机的全部知识的确在人类经济组织中得以组织和利用，最终制造出了波音飞机。其中过滤掉的若干资源组合状态，生成了飞机这一超越任何单一心智能力的复杂秩序状态。当然，飞机的制造也利用了下面提及的第二种协调机制——价格机制。

（二）对于第二种情形，相对价格体系作为经济系统通信工具和通信机制

哈耶克把价格机制视为经济中的通信系统。这源于对正统理论中均衡理论的不信任和质疑。哈耶克有"价格机制作为经济中的通信系统""竞争作为一种发现程序"两个重要发现。这两个重要发现集中指向经济中的通信问题，特别是产业或整个市场层次上的通信问题。当然这需要指出的是，哈耶克基于当时的研究主题，重在研究市场，捍卫市场，因此对于科层体系内部的分工合作与通信问题并没有涉及；另外，哈耶克重视将价格机制作为经济中的通信系统，并不表明他认为价格机制是经济中唯一的通信系统。哈耶克也很重视一般规则、习惯和传统等制度在发现和传播知识中的作用。

正统理论证明了整体经济达到最优福利水平的边际条件，即对于消费者来说，所有消费品的边际替代率相等；对于生产者来说，任何两种要素的边际替代率相等。最终必须满足的条件是，在偏好和技术给定（在给定技术前提下边际技术替代率相等）的条件下，消费这些产品的边际替代率与生产这些产品的边际转换率相等。哈耶克提出，这种分析只有局限于单个人的行为分析时才有明确意义。当我们将其应用于解释不同个体之间相互作用时，就进入了新领域，引入了新特征：知识和个人偏好是主观的，不是严格的客观事实；行为是相继发生的，因此时间描述极其重要。正统理论的均衡模型设定消费者和生产者的行为根据给定的数据进行调整。正统模型丢弃的不是经济现实中不重要

---

① 杨小凯在他的早期著作《经济控制论初步》（湖南人民出版社 1984 年版）中，系统研究了专业化分工的开放经济系统的通信和控制问题。虽然该著作没有得到应有的注意，但它仍然是目前用系统理论研究经济系统的非常出色的著作。在该著作的最后一章"经济大系统"中，杨小凯用"分解度、联系度、集中度和分散度"对经济系统和经济组织内部的系统控制中的通信和控制问题进行了初步的数学分析。设经济基本子系统或组织内部的基本单元数为 n，分层结构中平均每个节点的分枝数为 s，那么，分解度 f 被定义为 $f=\dfrac{n-1}{s-1}$，通信联系数 $m=sf=\dfrac{s(n-1)}{s-1}$。通信联系数反映了子系统之间的信息流通渠道，给定子系统数 n，值越小越好。例如，端点数 n=64，每一节点分枝数 s=4，那么，如此结构不进行分层控制，在所有断点建立两两联系，通信数 m=2 016；而此分层结构的通信数 m=sf=84。可见分层控制大大提高了通信效率。西蒙（2004）提供了一个类似的"钟表匠模型"，假定一只表由 1 000 个零件组成，一种办法是分层组装，每 10 个构成一个组件，再把组件连成整体；另一种办法是不分层的一气呵成法，假定装配任一零件时被打断的概率是 0.01，那么组装一只表，分层组装是一气呵成组装所花费时间的 1/4 000。

的方面，而是重要的方面：在趋势上朝向均衡的调整过程；代理人如何获得替代品、技术和价格等信息；作为发现（有关稀缺资源利用的知识和能力，以及可资利用的别人的知识和能力、资源稀缺程度）程序的经济竞争。

问题显现出来了，从已知的偏好体系并假定代理人掌握全部知识，均衡存在性是一个纯粹的逻辑问题，而这“根本不是一个社会面临的经济问题”。基于以上分析，哈耶克提出“价格机制作为经济中的通信系统”。

“如果我们想了解价格的真正作用，就必须把价格体系看作一种交流信息的机制。……价格体系最重要的特点是其运转所需的知识很经济，就是说参与整个体系的个人只需要掌握很少信息便能采取正确的行动。最关键的信息只以最简单的形式，通过某种符号来传递，而且只传递给有关的人，把价格体系描绘成一种记录变化的工具或一种通信系统不仅仅是一种隐喻，这种通信系统能使单个的生产者像工程师观察一些仪表的指针那样，仅观察一些指标的运动便能调整其活动从而适应变化”（Hayek，1945）。

哈耶克指出价格机制是传播信息的手段，这些信息分散在无数人手中。当分散分布的知识和信息没有价格机制发现和传播时，这些有用的知识和信息将被删除，就像它没有存在过一样。这种信息和知识的删除导致的物质资源和人力资本错误配置所带来的损失远远大于维持一个价格机制所花费的资源（如价格波动带来的某一时期生产过剩，以及有助于竞争而存在的“重复建设”）。运用价格机制这种通信系统，市场参与人只需知道局部知识，并根据局部知识，参考价格信号做出决策，当他这样做的同时，无论他做出买或卖的决定，否定还是肯定的决定，他就在参与价格的形成。哈耶克以锡短缺为例，说明了价格的传递信息机制。当锡这种金属被发现某种新用途，或开采枯竭时，引起锡的短缺信号，这时候一系列锡的替代品开始供应，以响应这种突然的外部变化（新技术出现、自然环境的资源枯竭）。当人们做出调整行动时，并不需要去探究自己为什么采取这样的行动，只是依价格信号行动。“那些有助于提供替代品的绝大部分人，一点也不知道这些变化的最初原因。所有这些构成了一个市场，并非因为任一市场成员都须对市场整体全部了解，而是因为他们每个有限的视野融合在一起足以覆盖整个市场”（Hayek，1945）。市场就像一个虚拟的电子公告牌，一有新情况，有关各方都会通过它发布的信息调整自己的行动；同时人们也把自己的源发性新情况通过整个电子公告牌发布。这种信息就是变动中的相对价格体系。

市场需要最少的信息要求。市场仿佛总受着“朝向均衡的力量”所驱使，不服从这一驱使的参与者将遭受损失，服从这一趋使的参与者将避免损失，而那些一再遭受损失的组织将被市场清除。“看不见的手”的运转只需很弱的条件。而与此相反，中央计划经济模式则需要很强的信息条件，以至于运行一个计划经济是不可能的。西蒙（2004）对此评论道，“市场似乎能节约信息与计算，因为它将决策分给了众多活动者，他们根据自己掌握的局部信息进行决策——也就是说，除了他们打算购买的产品之价格与性质，还有他们打算生产的产品之成本，他们对于经济体中的其余信息不必知道多少”。我们甚至可以断言，价格机制是一种理性的智能生物合作的普适现象，即演化到有理性的生物，不经意中学会了（Hayek，1945）这种复杂的合作方式：经由简单的编码传输信息展开大范围的匿名合作，价格机制就是这样一种适应行为的产物，它较好地解决了大范围（远远超出人类个体感官直接感知的范围）匿名合作的通信问题。因此价格机制具有一般性，没有任何宏伟理性设计计划可以替代。作为经济系统内的通信系统，价格机制没有替代性方案。

价格机制的前提是分散决策和利润追求，但并不要求利润最大化。实验经济学的研究表明，很弱的条件就可以使市场出清。实验性的市场交易中，笨拙的买方只要知道一个最高价，高于此价不买；笨拙的卖方只要知道最低价，低于此价不卖，实验的市场便很快出清，其速度不会比正统模型的理性人假设慢（Smith，2000）。演化经济学文献也得出了类似的结论。Ulmann-Margalit（1978）提出用“功能性–演化模式的看不见的手”来解释经济系统内层次之间的联系问题。单个企业的行为和产业层次的行为到底如何联系？根据阿尔钦的“仿佛理性”假设，即单个企业的行为是非理性的，理性的产业行为也能够出现。究其原因，Ulmann-Margalit（1978）认为，存在一个控制着总体产业行为的理性“超级代理人”，或者宏观主体来惩罚非理性的代理人，以便获得产业的理性结果，即那些利润最大化的企业得以留存。从微观代理人层次到宏观均衡效果，个体被假定为既不试图知道也没有认识到他们行为的总体效果。但是他们试图带来有益的单个效果。利用非常少量的局部知识和信息，遵循简单的规则，“市场出清”这种复杂秩序就会出现。复杂适应系统的经济，个体行动和市场层次的均衡之间没有简单线性关系，个体间借助价格机制实现了大大超越个体能力的广泛合作。所有复杂适应系统都为个体制定简单的“遵循规则”，组分根据局部信息进行决策和行动，它们并不需要对总体后果负责。寻求正利润的动机足以导致系统趋向优化，资源约束下的经济竞争会使经济系统自动选择最大化行事者。这种设计，恰恰使复杂适应系统实现信息节约和理性节约。

五、经济中的涌现

（一）企业层级的涌现

亚当·斯密著作中制针工厂的涌现非常神奇，像魔术一般使生产率极大提升。采用专业化分工的企业生产，10 个工人的小厂，平均每人每天生产 4 800 枚针。而自给自足的方式，一个人生产，一天是做不出 1 枚针的。就算做出 1 枚针，4 800∶1 的效率比也是极为惊人的。这是企业层级的涌现性现象。

我们从产权经济学的经典文献阿尔钦和德姆塞茨（1994）的《生产、信息成本与经济组织》来理解企业层级的涌现现象。首先，我们提出这样一个命题：交易成本为 0，企业也存在，因为企业层级的涌现不是市场可以产生的。

在阿尔钦和德姆塞茨（1994）的文章中，企业的存在性被“队生产”中的道德风险以及由此引致的监督机制来解释，企业的权威和命令服从体制是一个幻觉，企业是一个合约结构。“队生产”的总产出大于分别独立生产的产出之和。但是“队生产”带来一个问题，就是加入合约结构的“队生产”中队员“偷懒”和“卸责”等“道德风险”问题如何处理。合作收益如此高，以至于达成一个监督协议是合意的，即由某人专门作为监督者来检查和度量队员的投入和努力水平。为了使监督者有效监督队员，监督者被授予获得剩余的权利。于是企业的权利结构就是，资产所有者、专门监督者和其他合作者组成的合约结构，其中监督被赋予剩余索取权。因此阿尔钦和德姆塞茨反驳了奈特“风险分配”的企业理论假说和“长期合约”企业理论假说。阿尔钦和德姆塞茨认为“队生产”比非集权的合约安排更好地解决了偷懒和信息问题。长期合约、强制、独裁、命令等不是准确刻画企业的概念。在阿尔钦和德姆塞茨看来，企业是联合生产情况下的一种特殊监察装置；企业是一种高度专门化的代理市场。

但是我们想从涌现性的角度来看阿尔钦安和德姆塞茨的贡献，实际上，在《企业理论再考察》（德姆塞茨，2007）和《经济理论中的企业》（Demsetz，1997）中倾向于企业的知识生产和储备的能力假说，涌现性倾向的解释进一步强化。

阿尔钦和德姆塞茨（1994）提出，经济组织之所以产生，是因为资源所有者通过专业化的协作来提高生产效率，而恰恰组织能够促进合作。

联合产出大于组分独立产出之和，两个人联合将重物运上卡车是德姆塞茨的范式性例子。队生产 Z 被这样定义：产出属于一个联合的团队，而且它不是每个分队员的分产出之和。

$$Z = f\left(X_i + X_j\right) \tag{1}$$

其中，$\dfrac{\partial^2 Z}{\partial X_i \partial X_j} \neq 0$，假定企业存在，可以断定

$$\frac{\partial^2 Z}{\partial X_i \partial X_j} > 0 \tag{2}$$

这里联合生产函数 Z 不能分解（即不能还原）为两个组分的生产函数之和，德姆塞茨指出，“奥妙在于 Z 所得的一些生产技术大于 X_i 和 X_j 分别生产 Z 时的情形”，如果通过“队生产”所获得的产出大于 Z 的分生产之和加上组织“队生产”的“组织成本”[这一概念在 1997 年的文章中进一步确认为使用管理制度的成本 MSC（management system cost），以区别于市场上的交易成本，使用价格制度的成本 PSC（price system cost）]。

$$Z - \text{MSC} > g\left(X_i\right) + g\left(X_j\right) \tag{3}$$

$$\text{或者 } Z > g\left(X_i\right) + g\left(X_j\right) + \text{MSC} \tag{4}$$

$$\text{设 } R = Z - \left[g\left(X_i\right) + g\left(X_j\right) + \text{MSC}\right] \tag{5}$$

那么我们的问题是，R 从何而来？这是经济增长和宏观经济学的真正微观基础之一。这是经济学中打开“涌现性”黑箱的实质性一步。我们先看阿尔钦和德姆塞茨（1994）的解释。“通常的解释是依赖于它所从事的交换与生产比分别加总的生产具有比较优势的专业化原理。”德姆塞茨解释道，合作活动的所得来源中包含一个“队”的运作，在这里，单个的合作性投入并不能产出同一的可以加总成衡量总产出的分产品。德姆塞茨正是把这种合作性生产活动称为“队生产”。德姆塞茨的范式性例子“两个人抬重物上车”是“队生产”的极度简化，更多具有隐喻意义。现实的“队生产”所包含的新性质和收益增加

远比这个隐喻要多、要大。"队生产"中每个队员对队产出的边际贡献的计量困难引发偷懒等道德风险，由此一个专业监督者被引入，由于监督者也可能卸责，于是引发了"队生产"收益分割的制度安排——监督者被赋予剩余索取权。

阿尔钦和德姆塞茨重要的推论不仅仅是"队生产"—度量队员边际产出困难—偷懒—监督的引入—更经济地实现偷懒的减少—监督者的剩余索取权，更重要的推论一直没有被人们引用和阐发，而在 Demsetz（1997）和德姆塞茨（2007）的文章中得到进一步阐述。这个推论是，"企业是作为一种专门收集、整理和出售信息的市场制度"。企业是不同于一种价格机制协调的另一种协调装置——专业化、联合的连续性、指导的依赖性是企业型协调的基本特征。企业是节约"知识成本"——生产、维持和使用知识的成本——的装置，行业和企业都是专业化知识和把这种知识投入工作中所需要的专业化投入要素的大仓库。

德姆塞茨指出，作为联合生产的企业的合作收益的来源，"企业家指导"的生产性作用被新古典的完全知识假设和无风险假设抹去了。企业和企业家的生产性功能被德姆塞茨指出，正是它们，使得企业联合生产收益大于自给自足的收益，虽然这不是唯一原因。这就是经济学家揭示出来的企业层级涌现的微观机制。

在 1972 年的研究中，德姆塞茨指出雇主的生产性作用：①雇主利用监督多种投入的优点，获得了关于他们的生产技能的特别优良的信息，这有利于提高他们的指令效率。②雇主确定良好的投入组合。雇主是投入组合的指导者，他在合约中出售他的知识——关于异质资源的有效利用、有利组合的知识。③正是雇主的生产性作用，有用的知识和信息流，使得联合生产中企业对资源的重组与新的使用可能比普通市场上的传统搜寻更为有效（阿尔钦和德姆塞茨，1994）。这也促使阿尔钦和德姆塞茨得出较早版本的企业本质的陈述："这表明企业是一种增进投入资源的竞争的装置，同时又是一种能更有效地向投入要素支付报酬的装置。"也就是说，企业是联合生产装置，为有效联合生产提供知识，为联合者个体有效提供报酬。而联合生产，正是企业层级涌现的组织形式和基本前提。

在经济学正统理论假设下，我们无从观察和解释企业层级的涌现。新古典一般均衡模型中，全部免费生产可能性知识、免费的价格、无风险假定，企业及其管理协调没有存在的位置，"价格理论中的企业不过是用来使价格体系的讨论变得容易的一种带有修辞色彩的装置"（德姆塞茨，2007）。德姆塞茨指出，新古典模型的成就在于我们理解完美分权化（perfect decentralization）下，价格体系的巨大力量。可以说，新古典的抽象有其特定历史使命，也取得了辉煌的学术成就。但是对于企业存在性的理解和企业涌现性的研究则需要完全推翻其前提假定。

在有成本的价格、不完美的生产可能性知识或有成本的知识和不确定性假定下，管理是稀缺资源。德姆塞茨在后期作品中深刻指出了科斯以来的交易成本和代理理论仍然受到了完全分权化模型某些假定的支配，即"信息仍然是完全的、免费的。尽管获取交易信息和管理控制信息被看作有成本的，却还是假定获得生产信息是免费的。一家企业能生产的东西，另一家企业也能生产得同样好"（德姆塞茨，2007）。这个假定是站不住脚的，因此德姆塞茨得出了一个类似于演化经济学中基于能力的企业理论。"每一个企业都是一个关于技术、人员、方法的买卖关系的集合，该集合被企业所持有的信息隔绝层所完全包含和约束，它不能很容易地或迅速地被改变和模仿”。

当德姆塞茨把企业存在性的论证拉回到与自给自足的对比中来讨论时，一种积极的基于知识、信息和能力的企业理论出现了。交易成本解释（Coase，1937；Williamson，1985）、队生产（阿尔钦和德姆塞茨，1994）、代理理论（詹森和麦克林，2003）都是从消极意义上论证企业避免了某种阻碍合作的因素（交易成本、机会主义、偷懒、卸责）而促使企业的产生。德姆塞茨（2007）、詹森和麦克林（2003）的企业理论进一步探索都出现了向积极诱因的解释转向，即企业的出现不仅仅是避免了什么，而是积极提供了别的合作形式不具备的或提供不了的东西。

一人企业没有企业层级的涌现。一人财务公司、法律工作者和街头小贩都是自我雇佣，他们是自我雇佣的企业。包括一人企业在内的所有企业在市场层级中的涌现在下一部分讨论。

德姆塞茨给出了企业作为一个契约的联合体的三个特征。一是专业化契约联结，它为别人生产而合作；二是要素所有者之间较长时间的联合；三是有意识指导的程度较现货交易高。管理的协调意味着一部分人的行动接受另一个人/一部分人的指导。德姆塞茨对他早期的“企业也是一个市场”的观点的重大修正。这是因为，德姆塞茨终于认识到并承认企业作为一个“知识与专业化组织”而存在。从知识和能力的角度论证企业的存在性正是探索企业层级涌现性的微观机制途径。

亚当·斯密神奇制针工厂的例子，惊人的效率改进（至少是 4 800：1）到底是如何涌现出来的呢？亚当·斯密的解释是人所共知的分工的三大好处。德姆塞茨指出，亚当·斯密忽略了组织成本问题。其实亚当·斯密的理论不仅忽略了组织成本问题，还隐藏了知识成本问题。知识成本问题在德姆塞茨后期作品中得到强调。企业以较低的成本处理了“生产、维持和使用知识”的事情，换言之，企业在生产、维持和使用知识事务上具有优势。正如霍撒克的“物种形成”类比，分工的海洋是无数物种的海洋。哈耶克说劳动分工的背后是知识分工。物种的海洋就是无数种专业化知识的海洋。这样类比可能更合适，在自由市场的海洋中，每一个企业都是专业化知识的岛屿。钢铁企业、计算机制造企业、化工企业，它们都拥有不同的专业知识束。德姆塞茨（2007）指出，企业内的指导提供了低成本的知识获得、使用途径。“许多沟通在于给出指导。那些本身并不掌握这些知识，但又要依据这些知识生产的人，必须使他们的活动得到拥有更多知识的人的指导”。显然通过反复短期购买这种指导而面临高昂的交易成本或许可能深受机会主义行为之苦，企业的出现解决了这一难题。

德姆塞茨看到了企业的积极意义，即企业家在知识生产和维持方面的管理活动的生产性作用。那个无处可循踪迹的涌现性源泉在德姆塞茨这里得到了部分答案。德姆塞茨肯定了交易成本和代理理论的成就，“相反，不完全信息使管理者和所有者的判断成为提高生产率的一种来源。在现代理论中管理生产率的主要来源在于它对代理问题的反应。偷懒、机会主义和声誉被置于显著位置。对这些问题及相应的商业实践的理解在过去 1/4 个世纪里进展迅速”（Demsetz，1997）。但是德姆塞茨提出了另一个更重要的生产性因素，那就是知识和不确定性问题。“然而，集中于这种努力导致了对那些不涉及代理关系的信息问题的忽略。这些问题与未来极不确定环境下的计划有关，包括产品选择、投资和市场营销政策、业务范围等，……‘专门技术’的作用等。专业化在获取知识上是生产性的。不依靠大量的专业化知识而使用多种知识只会提高获取知识的单位成本”（Demsetz，1997）。德姆塞茨准确地指出现代企业在知识问题上沿用了正统模型的充分知识和无风险假定。

如果是对于企业层级涌现的微观机制研究，德姆塞茨等的研究还处于或明或暗的阶段，那么演化经济学基于能力的企业理论则是把知识和能力问题置于中心位置予以强调。基于能力的企业理论打破了把劳动力和其他生产要素抽象化的传统看法，同时也看到劳动力以外其他资本背后的知识储藏的功能。把劳动力、土地和资本等企业投入抽象成平均化的同质要素便于形式化模型的建立。劳动力和其他资本是不同的事实存在，其他要素是人的产物。劳动力具有学习功能。西蒙（2004）指出，雇佣合约和销售合约是不同的，销售合约接近完全合约；而雇佣合约必然是一个不完全合约。企业内的雇佣合约履行过程是一个接受指导的过程，是一个组织化协作过程。不是所有企业经营所需要的投入都可以在市场上购买得到，如纳尔逊和温特的“惯例”、企业对于不确定性的决策、企业关键商业秘密和技术。即使是科斯，也在这个问题上犯了错误。科斯的企业也是配置资源的企业而不是创造性生产的企业，而所有生产都包含了学习。霍奇逊批评道，“雇佣合约在说明上是有缺陷的和不全面的。与‘劳动力’和‘资本’的同质性这一错误观点相联系的是，‘生产本质上是配置过程而不是创造过程’这种错误思想。……新古典经济学把交换分析放在了至高无上的地位[①]。甚至生产也被当成了交换的一个变量来看待。由于没有认识到‘劳动’中和生产中人类行为的地位，生产就成了企业家直接或间接控制下的配置过程。……与包含在物品交换中的合同不同，生产包含的是劳动的使用以及工人有意识地、持续地加入这一过程。这一过程的结果不完全是由合同的条款来决定的。要理解企业生产过程，我们必须超越合同、市场和成本”（霍奇逊，2007）。当我们一般化和抽象出同质化的投入要素以后，便于形式化处理的同时丧失了揭示企业层次涌现的观察点。当我们回到组织化协作的生产过程时，才有机会看到企业层级涌现的实现机制。

企业的确可以被观察到一个一个组成的个体，但这是哈耶克所谓自然科学的“事实”。企业有其不可还原的性质。企业一旦产生和存续，就获得了超越单个组成个体的性质和功能。企业“知道”如何生产，企业“记忆”生产程序，企业是知识生产和贮藏仓库，是能力的载体。

---

① 我们经常看见这样的指责，新古典经济学范式重视价格体系而忽视企业理论，以及新古典基于研究价格体系如何完美地在配置资源中发挥作用的一系列假定。这种指责可能是不公正的。一是新古典范式诞生时的自然科学背景是以牛顿力学为范本的经典物理学，还原论和力学类比成为必然。二是新古典经济学的历史任务就是与当时 18 世纪的重商主义作战，论证“不存在权力情况下的资源配置问题”。德姆塞茨的评论肯定了这一点。德姆塞茨认为，近 200 年来，经济学家把注意力放在了价格体系上。以马歇尔的典型企业和瓦尔拉的拍卖者为特征的价格体系研究破坏了经济学家对于企业的认真思考。完全竞争模型几乎不谈企业的竞争和组织问题。完全竞争模型证明了有序的经济不需要中央计划。亚当·斯密只为国家的有限作用保留了位置。德姆塞茨指出，新古典范式的完全竞争模型的学术成就在于，它从经济的集中控制中完全抽象出来。所构建的模型不是竞争，而是完美分权化。通过假定保证权力和命令在协调资源中不起作用，“完全分权化假设”在理论上是可以实现的。指导人们做出选择的唯一参数是那些给定的偏好和技术，以及那些由市场决定的非人格化的价格。所有的参数都不受模型中行为者或制度的任何控制。因此这些假定有效地排除了权力的作用。德姆塞茨指出，完全竞争模型的真正目标在于研究不存在权力情况下的资源配置问题，这些抽象是有理由的（德姆塞茨，2007）。

存在“企业能力”、组织化知识、缄默知识这些集体因素，它们是不可完全还原的，它们集体存在于企业中。

企业能力和集体知识往往遭到原子式方法论个人主义的反对。原子式方法论个人主义坚持认为，只有单个的个体才学习，才具有“能力”，我们认为这是错误的。设想这样一个思想实验。一家大型飞机制造厂有员工 20 000 名，我们设想在另外一个地区复制这样一个制造厂。办法是再找另外 20 000 名相同素质的新员工一对一传授知识，然后投入生产，新的飞机制造厂能做出和原厂一模一样的飞机吗？不用说大型飞机制造厂，就是 10 人左右的小型工厂，都有属于自己的“能力”“惯例和技巧”，都不可以一对一进行原子式还原复制。

不仅如此，还有一个缄默知识问题阻碍了这种还原复制方法。温特（2007）等认为，缄默知识和其他知识必定存在于人的一组神经和大脑细胞中，但其内容主要取决于个体发生相互作用的结构环境的存在，否则这样的知识是不可能变得明了的。此外，组织化知识是缄默知识，没有哪个个体能以成文的形式来表达它。只有通过群体成员相互作用的实践活动才能使这种知识变得明了。组成成员不断变换，员工不断更新，但是组织化知识总是留存。组织化知识可以在构成组织的个体逐渐的而不是彻底的更换中保留下来（霍奇逊，2007）。

企业（不同于市场）的独特性在于它发展了一套协作的文化和惯例，便于学习和获取专门技能，并在一个更广大的层级中充当互补性的元素。这种基于知识和能力的企业理论的开创者和追随者包括奈特（Knight，1921）、彭罗斯（Penrose，1959）、纳尔逊和温特（Nelson and Winter，1982）、蒂斯和皮诺（Teece and Pisano，1994）、兰洛伊斯等（Langlois，1992；Langlois and Robertson，1995）。德姆塞茨后期也更加重视企业在知识和信息成本节约中的作用。

组织化记忆是企业涌现出来的超越个体记忆的新性质。纳尔逊和温特（1997）认为，公司内部知识与团体相关而不是与构成个体相关。大公司是生产性（组织和技术）知识在社会中最重要的贮藏所。作为企业基因的“惯例”正如个人日常行为和活动中的“技巧”，它们是实践的结果，在“做”中形成和保存。这与新古典的修补“干中学”似乎是一致的。但是从这种十分微观的学习机制直接跃到宏观经济增长现象上去，事实上没有那么直接的因果链。企业似乎在知识存储和“知道”生产意义上获得了生命，这种有自己特征的有机体正是企业层级的涌现，其中个体在企业内部建立起日常的互动关系，企业惯例把个体结成一个具有强大功能的实体，这个实体知道个体不知道的东西，并以复杂的方式适应环境的各种信号。纳尔逊和温特还深刻地揭示了组织记忆的场景依赖特征和组织内个体记忆之间的严格互补性，也就是，它们只有在特定场景和一个特定位置序列中才起作用。组织记忆不仅仅是名词性质的，还有大量的动词和形容词性质的；不仅仅是一般知识意义上的知识，还有“局部知识”，而组织记忆中局部知识占有主要位置。用温特的例子来说，“一个组织内部的通信语言绝不是明白易懂的英语：它们是一种方言，充满了当地理解的、代表特定的产品、零件、顾客、工厂所在地的个人的名词，还涉及很地方化的意思，如‘赶快’‘慢点’‘太热’等”（纳尔逊和温特，1997）。作为复杂适应系统的企业，其生产过程是一个物质资源从投入到产出的过程，也是一个稍微隐秘的信息环流过程，这个信息环流绘制了生产过程中不断优化的行动蓝图。纳尔逊和温特指出，企业的“食谱”和“蓝图”都不是静止的，而是在适应中不断修改的。适应性造就企业更加复杂的组织记忆和组织功能。对于组织记忆的场景依赖和互补性，纳尔逊和温特举例说，“起重机操作员没有解释‘再来一点’的手势的能力和相应的放低钩子的能力，那么看出手势表达的意义的能力和做出手势的能力都是毫无意义的”。这个例子在企业生产中具有一般意义，鉴于此，纳尔逊和温特指出，“把组织记忆看作可以分解为个人成员的记忆，是忽视或低估了过去共有的经验把那些个人的记忆联结起来，那些经验建立了极其详细的专门化的通信体系，而它构成惯例完成情况的基础”（纳尔逊和温特，1997）。特别令人惊讶的是，企业内遵循惯例的协调一致行为产生了个体无法想象的巨大力量。就像市场协调的一样，企业内的个体也根据局部知识采取规则遵循的行动而不需要知道其他部门的人的行动。“每个组织成员必须知道他的工作，同时任何人都不需要知道别人的工作。也不需要任何人都能清楚地说明整个组织采取的程序。……整个组织惯例完成情况成功的继续中隐含的信息存储量，可能使个人的记忆能力相形见绌。生产过程的复杂性规模可能远远超出任何‘总工程师’所能想象去指导的，无能他是多么熟练”（纳尔逊和温特，1997）。时隔 11 年以后，温特对于早期的观点更加坚定了。温特对原子式方法论个人主义者采取了严厉的批判态度。格拉夫（J. Graaf）支持原子式方法论个人主义观点：只有个体成员才是恰当的分析单位，只有经济的个体成员才有显著差异，任何社会中技术知识的最终贮藏所是构成社会的个人。企业本身不拥有知识，企业的知识属于相关的个人。而企业的生产函数与社会的生产函数一样，确实是以相同的方法、相同因素所成。温特对此予以反驳，这种分析方法“是完全错误的”。温特（2007）指出，世界 500 强的顶尖企业，IBM、通用汽车、福特、AT&T、波音……这些企业的生存时间跨度远远超过人类寿命。似乎无法否认作为组织的这些大企业是社会中其所运用的生产知识的最重要的贮藏库之一，而绝不仅仅是与企业相关的个人构成的经济机器，即正是企业而不是为企业工作的人，知道如何生产汽油、汽车和计算机。

个人携带的与组织生产相关的知识在单独状况下不能被激活，而在组织化框架下，这些具有局部性、互补性和操作性质的知识作为一个整体实现生产功能。企业组织是复杂适应系统，因而具有学习适应能力，而组织记忆正是整个学习过程的产物，它不预先存在。蒂斯和皮萨诺从联合贡献和缄默知识两个角度肯定了组织记忆的不可还原性。“个体技能是关联的。其价值取决于它们的工作。尤其取决于组织安排。学习过程本质上是社会的和集体的，这不仅是因为它要通过如师生或师徒关系中的模仿和仿效那样发生，而且也因为理解复杂问题时的联合贡献。学习要求有沟通的共同代码和相互协调的搜寻程序。知识植根于社会结构之中”（霍奇逊，2007）。毫不奇怪，人类因为强大的表型可塑，作为社会性生物，人类走出自给自足以后，适应性的知识系统以互补的形式分布在无数组织和个体中。企业和市场正是整合分散分布的知识的协调制度。生产知识在产生之时就以场景依赖的方式存在于组织之中。隔离企业中的任何个体，其知识将大为贬值甚至毫无价值。

霍奇逊把基于能力的企业理论追溯到亚当·斯密、李斯特、马歇尔，并列举了亚当·斯密、奈特、彭罗斯、纳尔逊和温特作为典型代表。沿着霍奇逊的思路，我们挖掘这几个代表人物“基于能力的企业理论”中的涌现性思想。

亚当·斯密把劳动力的熟练、技巧和判断力归功于劳动分工，把人民的普遍富裕归功于劳动分工。把劳动分工的讨论列于著作的前三章，表达了亚当·斯密强烈的直观洞见——劳动分工及其副产品在社会进步中具有根本重要性。我们可以把亚当·斯密关于分工的三大好处转译为：分工带来“干中学”的知识积累；分工把组织内的个体置于知识互补的网络中（避免更换工作损失的时间，其实“积极”的意义大于这个“消极损失”，即知识和技能的互补性造成的收益递增）；作为分工副产品的发明创造。社会范围内的分工和企业内分工都收获了分工的三大好处，工具的改善从来就是文明程度的度量，分工为工具发明和改进（亚当·斯密的“机械的发明”）释放了思考空间。亚当·斯密的深刻性在于，他洞察并第一次系统论述了获得理性的人如何通过把无限容量的头脑串联起来，释放出惊人的力量——那就是劳动分工。直到找到了制度化、系统的劳动分工形式，赋予了理性的头脑通过互联成复杂网络形式，符号系统才得以充分实现其功能。技能和知识的增进是以思想实验方式实现的秩序化过程。由于劳动分工，实验进程得以在无数个参与分工的头脑中演练。正如计算机模拟大大提升了新型设备和装置的制造能力，劳动分工的制度化和系统化，符号系统、理性能力在充分发展的人类大脑中的无数实验积累形成了人类适应环境的经验——亚当·斯密称之为“熟练、技巧和判断力”。亚当·斯密的论述是隐含的，亚当·斯密“将知识增长的整个问题塞到其‘劳动分工的好处’这一命题的羽翼下面去了”。

奈特的企业理论思想博大精深。他甚至直接应用生物学类比企业家的功能。我们用复杂适应系统理论来解读奈特企业的性质相关论述。如果没有不确定性，一个完全机械化的生产世界是可以想象的，一个完全的中央计划经济是最优的。但是一个企业中哪怕是最基层的工人也面临不确定性。生物世界，正是为了适应不确定的环境，产生了复杂的适应行为，以及发生变异、选择和遗传现象。生物的适应行为涌现出了眼睛这样无比精确的器官（柏格森，2004）。同样，更高等级的生物则涌现出更复杂的器官。最终，人脑和精神现象的涌现代表了生物适应的最高形式，奈特以此类比了企业这种科层经营管理体系的出现。企业的出现，归根到底是人类为了应对环境不确定性而发展出来的适应形式。奈特把不确定的存在上升到引致社会形态变化的地步。“不确定性的引入，社会形态的特征发生了根本的变化”（奈特，2006）。不确定性的引入，导致做具体的事情是相对次要的，而决定做什么以及如何做是首要的问题。不确定性引出了社会组织两个最为重要的特点：商品为市场而生产，生产者承担起预测消费者欲望的责任；预测的工作以及部分对生产的技术指导和管制，进一步集中到很少一部分生产者手中，一种新的经济职能——企业家诞生了。接下来，奈特的一个生物学类比，在复杂适应系统理论看来，这不是比喻，而是发生在不同类型复杂适应系统中的共同适应现象。奈特用“头部优势发育”（cephalization）这个生物学类比论证道，“一般出现了不确定性，决定做什么和如何做的事情就获得了对执行这种职能的支配权，生产群体的内部组织就不再是一件无关紧要的事情或一种机械式琐事了。这种决策职能和控制职能的集中非常必要，就像有机生命的进化过程所发生的那样，这种‘头部优势发育’[①]（cephalization）的过程是不可避免的，这也与生物进化的原因相同”（奈特，2006）。生产群体本身的专业化出现了，有管理才能的人负责群体工作，而其他成员则服从管理。奈特甚至认为只有企业家和经理人阶层才是严格意义上的生产者，而众多的其他人只是为他们提供生产服务而受到支配并领取固定薪水的人。这和马克思的分析截然相反。总之，不确定性引发了如下后果：协作生产系统内人员被分类，那些有超常管理能力的人处于管理者的位置上，勇于承担风险的自信的人专门从事承担风险的工作。而且奈特指出，这两者的趋势是一起发生的，即负责指挥和管理的人也是承担风险的人。由此带来两种收入形式：那些提供生产服务的人拿固定合约收入；管理者和风险承担者获得剩余收入或利润。奈特的如下命题是深刻的：多种职能专业化的结果就是企业及其企业工资制度的出现；企业的本质就是对经济生活进行有效管理的职能的专业化；随着职能的专业化而来的是报酬的分化，即固定合约收入和剩余收入。

奈特给我们的启示是，不确定性引致经济系统中群体行动的适应结果是“头部优势发育”的专业化分工——管理者和风险承担者与生产服务提供者的分化。这是经济系统内类似生物进化中的典型涌现现象。

霍奇逊的统计表明，彭罗斯 1959 年的代表作在 20 世纪 90 年代以来的引用率出现了显著的增长。彭罗斯把企业看作能力的组织化结合。“产业性企业的经济职能是可以简单地设定为通过获得并组织人力和其他资源，以营利为目的向市场供给产品和服务。由此企业被定义为基于管理框架下的资源集合体，管理框架的边界取决于‘管理协调’和‘权威协调’的范围”（彭罗斯，2007）。而对于企业成长的实质，彭罗斯将其定义为一个演化过程并以集体知识的累积成长为基础。彭罗斯为我们理解企业层级的涌现性所提供的素材是“企业能力依赖于环境”；企业能力是整体形式出现的。彭罗斯为我们观察企业层级涌现性提供了新的细致描述。“当人们开始习惯在某一特定企业或其他人组成的特定群体中工作时，无论是他个人还是整个群体对企业而言都会变得更有价值，因为他们对其他工人、企业的工作方式、在特定环境下以最优方式工作的途径的了解改进了他们所提供的服务”（彭罗斯，2007）。在一个合作群体内，物理环境和其他人构成的社会环境构成一个人的外部环境。个体知识以互补的方式与特定环境相联系而存在，这就是知识的环境依赖特性。彭罗斯指出，“管理作为一个整体单位发挥作用”。这是对于原子式还原论的否定。一个管理群体是许多有经验人的集合，只有在工作中才能充分发挥团队协作，这比纳尔逊和温特后来提出企业“在做中知道”早了几十年。彭罗斯（2007）还指出，团队中的人的知识和经验具有互补性，从而短期中不可替代，“他们在从企业中的工作及相互打交道中获得的经验使他们能够为其他相关的部门提供独一无二的、有价值的服

① 这个词的意思是进化过程导致生物体出现某种优势器官，尤指大脑。生物体大脑显然具有某种中枢作用，仿佛凌驾于其他器官之上。例如，人体器官损伤可以损失一条腿、手、眼睛……，但是不能损伤或失去大脑。大脑损伤和失去大脑的后果严重程度远高于其他器官损伤和缺失。生物进化中，器官的功能和性质不会出现均等的重要性。在任荣华等翻译的霍奇逊的《演化与制度》中，这段奈特的引文中出现的 cephalization 被翻译为“向高层集中的”；在孙经纬译的《企业的性质》论文集中，有奈特《风险、不确定性与利润》摘选，其中，cephalization 被翻译为“头部集中”；在安佳译的《风险、不确定性与利润》（商务印书馆，2006 年版）中，该词被译为“头部优势发育”，这种译法比较准确。

务”。也正因为这个原因，一个假想的企业简单复制扩张行动是不可能成功的，“企业不可能仅仅通过为一个组织设计一个管理‘蓝图’，然后再雇用人员去担任并履行由详尽的‘职位描述’所规定的各项职能，就可以使企业有效地扩展超过某一规模”（彭罗斯，2007）。企业不可以按照图纸简单复制的根本原因在于企业是一个超越组成个体的现实存在，其能力、技巧、知识和惯例以互补、环境依赖和部分缄默的方式存在，并且要在“做”中产生和维系。这是彭罗斯提供的经济系统中不可还原的系统性论证。

（二）外部经济、递增报酬和集聚经济

经济学中的集聚（agglomeration）是指经济活动的集中，它由某种循环逻辑创造并维持。集聚有许多层次，从城市中的购物区，到美国硅谷这样为全球市场服务的专业化经济区，都是集聚现象。人类从农业社会中走出，发展出城市这种经济形态，也是广义的集聚现象。企业层次涌现的原理适用于产业层次的涌现——聚集的分析。促使企业聚集于特定区域的向心力早在马歇尔的《经济学原理》中就得到初步分析。马歇尔在分工的主题下引出了内部经济和外部经济概念。组织增加效率、产业聚集增加效率的基本原因也源于此。产业聚集深化和扩展了经济组织化。农业社会是具有同质化倾向的社会，知识差异小，因此呈现全社会范围内的“各向同性”的对称，而工业社会的来临意味着这种对称性的打破，企业组织的出现是经济有序化的一次重大跃迁，产业聚集则是经济组织化程度进一步发展的同一个故事。马歇尔在讨论组织和分工时说道，“（物质世界和精神世界）各种自然法则之间的作用之基本统一性可以由以下的一般原理说明：有机体——不论是社会的有机体还是自然的有机体的发展，一方面使它的各部分之间的机能的再分部分增加，另一方面使各部分之间的关系更为密切。……这种机能的再分之增加，或称为‘微分法’，在工业上表现为分工、专门技能、知识和机械的发展等形式。而‘积分法’——就是工业有机体的各部分之间的关系的密切性和稳固性的增加——表现为商业信用的保障之增大，海上、陆路、铁道和电报、邮政、印刷机等交通工具或习惯的增加等形式”（马歇尔，1964）。西蒙的钟表匠模型证明了通过层级结构是获得秩序的捷径。经济系统中分工及其深化，就是层级结构的复杂化过程。因此，马歇尔观察到社会和自然有机体的组织的不断“再分”现象正是复杂适应系统层级结构原理的运用，这是马歇尔的“微分法”。系统组分联结起来表现出惊人的复杂行为和功能。经济中交通运输和通信起到了把组分联系起来的作用。这与产业集群有何关系？产业集群正是通过地理上的聚集把交通运输和通信成本降到最小，因此促进了组分之间的“密切和稳固”的联合生产，这正是马歇尔的“积分法”。

收获专业化和分工的好处，如分工经济和专业化经济，机械的发明和使用，并不一定依赖于工厂的大小。马歇尔由此关注到企业内部经济和企业外部经济，这就是马歇尔的“内部经济”和“外部经济”概念。那些依赖于个别企业的资源、组织和经营效率的经济是“内部经济”；那些决定于种类相近产品的生产总量，或者与知识的发展和艺术的进步有关的那些经济——主要决定于整个文明世界的生产总量的经济属于“外部经济”。马歇尔给“外部经济”下了一个看似很宽泛的定义。其实不然，外部经济常常超越系统中行动主体感知范围，因此意识到“外部经济”是困难的，外部经济一般通过集聚而获得。

早期的经济集聚起源于“地方性工业”。因为资源禀赋、交通的便利、原材料的易得性而引致相关工业集聚。经济组织化程度提高和经济系统的自我学习效应，导致集聚经济效果更加明显，从而发展出更大的集聚。然而交通和通信便利并不是集聚的唯一原因。知识和技术的外溢效应、高度专门化机械的使用（即市场广度扩大到可以容纳更高程度的专业化）、劳动力池效应成为形成集聚的“吸引力”因素。因此，我们看到当前信息技术和交通运输技术快速发展，我们的经济系统正进入一个“零距离”时代，但是城市并没有出现消失的迹象，产业集聚有增无减。资源和交通可以视为导致集聚的环境因素；知识和技术溢出、专业化程度加深和劳动力池等因素可以视为导致集聚的递增报酬因素。在经济发展早期，环境因素在集聚中起主导作用，而在经济发展成熟阶段，报酬递增诸因素在集聚中起主导作用。

关于递增报酬与集聚，藤田昌久和蒂斯（2004）认为解释集聚时，生产中的报酬递增与运输成本之间的权衡是核心内容。藤田昌久的“运输成本”更恰当的理解应该是新制度经济学（new inititutional economics，NIE）中的交易成本。在一个注脚中，藤田昌久解释了“运输成本”——运输成本定义广泛，包括所有因距离所引起的障碍，如运输费用本身、关税及贸易的非关税壁垒、不同的生产标准、交通困难和文化差异。只要报酬递增效应大于交易费用，集聚就会进一步加强。

六、“无设计者的设计”——无处不在的自发秩序

在有设计者的地方，我们发现设计出来的秩序，如钟表、手机和波音飞机……莫不如此，然而由此得出“有秩序现象的出现，背后必然存在设计和某个有智慧的设计者”的命题却是错误的。无设计者的设计无所不在。经济中亚当·斯密的“看不见的手”正是无设计者的设计的一个特例。

首先定义一下复杂性。人类社会的合作秩序以复杂性为前提条件。如果说“物理学家处理的问题是最终的起源和最终的自然法则，那么生物学家处理的问题是复杂性问题”（道金斯，2005），那么经济学家处理的只是基于复杂性展示出的演化成就的一些细枝末节的应用。有文字记录以来的人类社会，按照诺斯（2013）的界定，只有“两打”（20多个）国家有幸迈入了开放社会，而世界上多于80%的人口依然生活在自然国家状态之中。但需要指出的是，以演化论的视角，所有人类社会，从索马里、卢旺达、叙利亚、阿富汗、朝鲜到西欧、大洋洲、北美，都呈现出高度的秩序，经济学家的一个任务是在这些秩序中进行进一步的细分和刻画。因此对复杂性程度或秩序的测度，哪怕是概念性的刻画也是有意义的。很遗憾，经济学中只有诺斯试图对此进行了有限的研究，但没有取得多少成果。

盖尔曼（Gell-Mann）提出的有效复杂性可以用于秩序的测度。描述一事物的最短计

算机程序被称为“算法信息量”（algorithmic information content，AIC）。但是复杂适应系统并不等同于AIC最大事物，因为任何随机字符串的AIC很大，AIC包含了全部随机因素，而正是系统的非随机因素促成了“有效复杂性”。“有效复杂性”即该系统的规律性的简要描述程度，我们用“图式”（schema）来表示这种规律性。一个系统相对于观察者的有效复杂性定义为用来描述其规律性的图式的长度。这里提到的图式，盖尔曼指的是，刻画任何演化过程或人类行为都由一个复杂适应系统获取环境及其自身与环境之间相互作用的信息，总结出信息的规律性，并把这些规律压缩提炼成图式或模型，最后以图式为基础在实际中采取相应的行动。在每一种情形中都存在相互竞争的图式，而系统在实际当中采取的行动所产生的结果反馈回来，影响图式之间的竞争（盖尔曼，1997）。“有效复杂性”没有考虑时间因素，因此需补充一个深度概念。深度是衡量一个描述产生复杂性的程序的时间长度，“若自然界的一个系统具有很大的深度，则表明它经过长时期进化形成”。我们用有效复杂性和深度测度秩序，如图2所示。“有效复杂性”不是测度社会合作秩序的最好度量，仍需要找到表达其实质的代理指标①。我们注意到，经济学家经常使用的“全要素生产率”（total factor productivity，TFP）和“出口复杂度”（export sophistication）（Cherif et al.，2018）可以作为本文中测度经济体的秩序“有效复杂性”的近似测度。

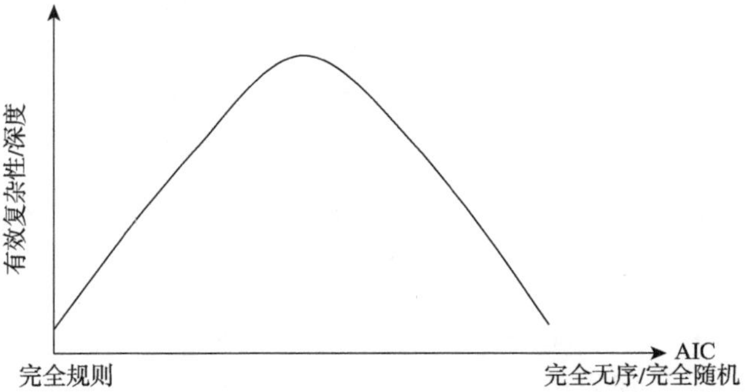

图2 秩序的测度

演化理论在社会事务领域的应用的一个重要启示是，没有设计者的设计是可能的而且是我们置身其中的秩序的基本特征。哈耶克（2006）指出，这种观点（迷信）应当予以驳斥：“无论我们在哪里发现了秩序，那儿必定存在某个发号施令的人。”

复杂性可以来自人的理性设计，也可以来自累积演化选择，从根本上说，最终的设计者来自演化中的自然选择（道金斯，2005）和自组织（考夫曼，2003），自然选择和自组织是“盲眼钟表匠”。来自人的理性设计的产物是诸如波音飞机这样的大型机械，来自累积演化选择设计的产物如人类器官眼睛、免疫系统和大脑。但这一简单的区分隐藏着

① 我们认为正统宏观经济学中的人均生产总值概念在某种程度上可以表达有效复杂性，但仍是一个很弱的测度，存在根本缺陷。以既有的统计数据为基础，要使国内生产总值作为一个秩序的测度，需要一些指标作为补充，如高技术产品在国内生产总值中的比重、出口产品中的高技术产品比重、每百万人发明专利授予数、每百万人发表国际论文数、技术市场交易金额、就业人口中从事科学研究和综合技术服务的人口比重等表达“创新能力”“竞争力”的指标。

误导性，因为运用人类理性设计出类似飞机这样的复杂机械其实基于一系列文化演化成果，如工具、技术和科学知识，而这些成果又必须进一步回溯又基于长长的生物演化和文化-生物协同演化成果链条。于是“设计者”消失在演化的长长链条中。

经济秩序中的“盲眼钟表匠”长期以来不能被人们认识到和得到正确理解。在哈耶克（2000b）看来，修昔底德和休谟是罕见的例外。修昔底德认识到没有商业和自由贸易，就不可能有超出游牧生活的水平，不会建造巨大的城市和形成其他任何伟业。20个世纪以后，休谟认识到，市场可以让人们为别人提供服务而无须怀有真诚的善意。在市场秩序下，即使是坏人，为公益服务也符合他的利益。如果不理解这种思想，相反，如果受一种渗透着亚里士多德思想的泛灵论世界观的主宰，社会主义思想就降临了，而这正是20世纪一些地区发生的事实。

理性不是人类合作秩序的设计者。秩序是规则的产物，“道德规范，尤其是我们的财产、自由和公正的制度，并不是由人的理性所创造，而是文化演化赋予人类的一种独特的第二禀性”（哈耶克，2000b）。而“有知识的人倾向于过高地估计理性，倾向于认为我们必须把文明所提供的优势和机会，一概归功于特意的设计而不是对于传统规则的遵从”（哈耶克，2000b）。这一结论对于转型国家的改革战略和发展政策具有很明确的规范含义。

参考文献

阿尔钦 A，德姆塞茨 H. 1994. 生产、信息成本与经济组织//科斯 R，阿尔钦 A，诺斯 D，等. 财产权利与制度变迁——产权学派与新制度学派译文集. 刘守英译. 上海：上海三联出版社，上海人民出版社.

奥菲克 H. 2004. 第二天性：人类进化的经济起源. 张敦敏译. 北京：中国社会科学出版社.

柏格森 H. 2000. 道德和宗教的两个来源. 王作虹，成房译. 贵阳：贵州人民出版社.

柏格森 H. 2004. 创造进化论. 肖聿译. 北京：商务印书馆.

波尔捷罗维奇 W M. 2006. 不断再分配的社会：改革的作用. 经济社会体制比较，（6）：35-42.

道金斯 C. 2005. 盲眼钟表匠. 王德伦译. 重庆：重庆出版社，海南：海南出版社.

德姆塞茨 H. 2007. 企业理论再考察//威廉姆森 O E，温特 S G. 企业的性质：起源、演变和发展. 姚海鑫，邢源源译. 北京：商务印书馆.

盖尔曼 M. 1997. 夸克与美洲豹：简单性和复杂性的奇遇. 杨建邺，李湘莲，等译. 长沙：湖南科学技术出版社.

哈耶克 F A. 1991. 个人主义与经济秩序. 贾湛，文跃然，等译. 北京：北京经济学院出版社.

哈耶克 F A. 2000a. 致命的自负. 冯克利，胡晋华，等译. 北京：中国社会科学出版社.

哈耶克 F A. 2000b 法律、立法与自由（第一卷）. 邓正来，等译. 北京：中国大百科全书出版社.

哈耶克 F A. 2000c. 法律、立法与自由（第二、三卷）. 邓正来，等译. 北京：中国大百科全书出版社.

霍奇逊 J. 2007. 演化与制度：论演化经济学和经济学的演化. 任荣华，张林，洪福海，等译. 北京：中国人民大学出版社.

考夫曼 T. 2003. 宇宙为家. 李绍明，徐彬译. 长沙：湖南科学技术出版社.

柯武刚，史漫飞. 2000. 制度经济学：社会秩序与公共政策. 韩朝华译. 北京：商务印书馆.

马歇尔 A. 1964. 经济学原理：上卷. 朱志泰译. 北京：商务印书馆.

纳尔逊 R R，温特 S G. 1997. 经济变迁的演化理论. 胡世凯译. 北京：商务印书馆.

奈特 F. 2006. 风险、不确定性与利润. 安佳译. 北京：商务印书馆.

诺斯 D C. 2013. 暴力与社会秩序：诠释有文字记载的人类历史的一个概念性框架. 杭行，王亮，等译. 上海：格致出版社，上海三联书店，上海人民出版社.

彭罗斯 E. 2007. 企业成长理论. 赵晓译. 上海：格致出版社，上海三联书店.

皮里坎 P. 2005. 经济和生物演化中自组织过程和达尔文主义选择：对组织过程信息来源的研究//福斯特 J，梅特卡夫 J S. 演化经济学前沿：竞争、自组织和创新政策. 贾根良，刘刚译. 北京：高等教育出版社.

藤田昌久，蒂斯 J. 2004. 集聚经济学：城市 产业区位与区域增长. 刘峰，张雁，陈海威译. 成都：西南财经大学出版社.

汪丁丁. 1997. 知识沿时间和空间的互补性以及相关的经济学. 经济研究，(6)：70-78.

威尔逊 E O. 2001. 论人性. 方展画，周丹译. 杭州：浙江教育出版社.

威尔逊 E O. 2002. 知识的统合. 田洺译. 北京：生活·读书·新知三联书店.

威尔逊 E O. 2008. 社会生物学——新的综合. 毛盛贤，孙港波，刘晓军，等译. 北京：北京理工大学出版社.

维纳 N. 2007. 控制论（或关于在动物和机器中控制和通信的科学）. 郝季仁译. 北京：北京大学出版社.

温特 S G. 2007. 论科斯、能力与企业//威廉姆森 O E，温特 S G. 企业的性质——起源、演变和发展. 姚海鑫，邢源源译. 北京：商务印书馆.

西蒙 H. 2004. 人工科学：复杂性面面观. 武夷山译. 上海：上海科技教育出版社.

杨小凯. 1984. 经济控制论初步. 长沙：湖南人民出版社.

叶航. 2013. 超越经济人：人类的亲社会行为与社会偏好. 北京：高等教育出版社.

詹森 M C，麦克林 W H. 2003. 专业知识、一般知识和组织结构//科斯 R，哈特 O D，斯蒂格利茨 J E，等. 契约经济学. 李风圣译. 北京：经济科学出版社.

Dunbar R，Barrett L，Lycett J. 2011. 进化心理学——从猿到人的心灵演化之路. 万美婷译. 北京：中国轻工业出版社.

Hodgson G M，Knudsen T. 2013. 达尔文猜想：社会和经济演化的一般原理. 王焕祥，等译. 北京：科学出版社.

Rolston H. 2003. 基因、创世纪和上帝：价值及其在自然史和人类史中的起源. 范岱年，陈养惠译. 长沙：湖南科学技术出版社.

Alchian A，Demsetz H. 1972. Production，information costs，and economic organization. The American Economic Review，62（5）：777-795.

Arrow K J. 1962. The economic implications of learning by doing. The Review of Economic Studies，29（3）：155-173.

Becker G S，Murphy K M. 1992. The division of labor, coordination costs，and knowledge. The Quarterly Journal of Economics，107（4）：1137-1160.

Boyd R，Richardson P J. 1985. Culture and the Evolutionary Process. Chicago：University of Chicago Press.

Cherif R，Hasanov F，Wang L. 2018. Sharp instrument：a stab at identifying the causes of economic growth. IMF Working Paper.

Coase R H. 1937. The nature of the firm. Economic，（4）：396-405.

Darden L，Cain J. 1989. Selection type theories. Philosophy of Science，56（1）：106-129.

Demsetz H. 1997. The firm in economic theory：a quiet revolution. The American Economic Review，87（2）：426-429.

Hayek F A. 1945. The use of knowledge in society. The American Economic Review，35（4）：519-530.

Herrmann-Pillath C. 2009. The Economics of Identity and Creativity：A Cultural Science Approach. Brisbane：University of Queensland Press.

Knight F H. 1921. Risk，Uncertainty，and Profit. Boston：Houghton Mifflin Company，New York：The Riverside Press.

Krugman P. 1994. Location and competition：notes on economic Geography//Rumelt R P，Schendel D E，Teece D J. Fundamental Issues in Strategy. Boston：Harvard Business School Press：463-493.

Langlois R N. 1992. Transaction-cost economics in real time. Industrial and Corporate Change，1（1）：99-127.

Langlois R N，Robertson P L. 1995. Firms，Markets and Economic Change：A Dynamic Theory of Business Institutions. London，New York：Routledge.

Loasby B J. 1999. Knowledge，Institution and Evolution in Economics. Lond，New York：Routledge.

Lundvall B，Borrás S. 2005. Science，technology，and innovation policy//Fagerberg J，Mowery D C，Nelson R R. The Oxford Handbook of Innovation. Oxford：Oxford University Press.

Martens B. 2004. The Cognitive Mechanics of Economic Development and Institutional Change. London，New York：Routledge.

Nelson R R，Winter S G. 1982. An Evolutionary Theory of Economic Change. Cambridge，London：The Belknap Press of Harvard University Press.

Penrose E. 1959. The Theory of the Growth of the Firm. Oxford：Oxford University Press.

Potts J. 2001. Knowledge and markets. Journal of Evolutionary Economics，11（4）：413-431.

Romer P M. 1986. Increasing returns and long-run growth. Journal of Political Economy，5：1002-1037.

Rosser Jr J. 2012. Emergence and complexity in Austrian economics. Journal of Economic Behavior and Orgnization，81（1）：122-128.

Ryle G. 1949. The Concept of Mind. London：Routledge.

Smith V L. 2000. Bargaining and Market Behaviour. Cambridge：Cambridge University Press.

Teece D J，Pisano G. 1994. The dynamic capabilities of firms：an introduction. Industrial and Corporate Change，3（3）：537-556.

Ullmann-Margalit E. 1978. Invisible hand explanation. Synthese，（39）：282-286.

Williamson O E. 1985. The Economic Inititutions of Capitalism：Firms，Markets and Relational Contracting. New York：The Free Press.

大众创业、万众创新研究前沿探析及未来展望[①]

王成军[②]　秦　素[③]　王肖肖[④]

摘　要：大众创业、万众创新的热潮正在中国蓬勃兴起，不仅为中国经济发展提供了强有力的支撑，同时对其他国家的发展产生了巨大影响。目前，中国已进入全面深化改革开放的新征程，“大众创业、万众创新+互联网+中国制造 2025”成为引领发展的重要引擎。这里在对大量文献进行回顾的基础上，对近年来大众创业、万众创新的热点研究领域进行梳理，并对大众创业、万众创新研究的未来方向进行展望，以期为促进和深化相关研究提供价值性引领与战略性参考。

关键词：大众创业　万众创新　创新创业政策　人才培养机制

JEL：F121.3；F250.2

一、问题的提出

改革开放以来，中国从计划经济体制逐步克服重重阻力破除各种有形壁垒或无形障碍积极稳妥转向市场经济体制，迄今已有 40 多年。40 多年间，中国经济保持了年均 9.6% 的高速增长，居民人均收入年增长达到 7.4%。然而，近几年来，随着国际经济形势所表现出的复杂动荡与危机不断（如“逆全球化”等）以及国内经济发展的内在要求与实际变化，中国经济面临着巨大的转型转轨压力，即客观上正在不得不由高速增长阶段设法迈向高质量发展阶段。再者，为紧密适应经济发展新态势新变化，中国自 2006 年提出了到 2020 年建成创新型国家的宏伟目标，并且在十九大报告中进一步明确指出“加快建设创新型国家”[⑤]。由此，一个时代课题便产生了，那就是在经济增速放缓的情形下，中国如何实现高质量发展并如期建成创新型国家。

改革开放以来，尤其是在进入 21 世纪，即 2001 年加入世界贸易组织（World Trade

---

① 基金项目：国家哲学社会科学规划项目（18BJY032）；安徽高校人文社科研究重大项目（SK2019ZD40）；2018 年安徽财经大学科研创新基金项目（ACYC2018209）。

② 王成军，男，教授，管理学博士，安徽财经大学工商管理学院硕士研究生导师，研究方向：创新创业管理、官产学三重螺旋、统计计算数学。

③ 秦素，女，安徽财经大学工商管理学院硕士研究生，研究方向：创新创业管理、技术创新管理。

④ 王肖肖，女，安徽财经大学工商管理学院硕士研究生，研究方向：创新绩效比较、创新创业管理。

⑤ 引自 2017 年 10 月 28 日《人民日报》中的文章：《决胜全面建成小康社会　夺取新时代中国特色社会主义伟大胜利——在中国共产党第十九次全国代表大会上的报告》。

Organization，WTO）以及 2010 年中国国内生产总值总量一跃超过日本成为世界第二大经济体以来，中国在某些领域已成功跻身于全球创新领导者行列，是唯一与发达国家经济体创新差距不断缩小的中等收入国家。但在中国经济转型升级的过程中，经济增长迫切需要打造新引擎，这急需依靠创新驱动经济发展。而大众创业、万众创新要求推动资源和要素自由流动、优化配置、构建创新创业生态系统，引导和激励市场主体加快创新，其本质是发挥每个人的创新创业潜能并将其汇聚成推动全社会创新创业发展的巨大动力，将创新驱动经济发展战略落实到国家经济建设的各个方面，实现经济结构的转型和升级。而促进科技与大众创业、万众创新的深度融合，有助于改革创新培育中国社会发展新动能以及新的经济增长极。

目前，互联网+、共享经济、中国智造等新经济、新业态正在蓬勃兴起，且已成为中国走向世界的“新名片”。当前，中国进入升级转型发展的关键阶段，科技作为第一生产力，创新作为引领发展的第一动力，需充分利用好创新这把“金钥匙”，实现科技与经济深度融合。要依托“互联网+”平台，集众智搞创新，打通科技成果转化通道，将科技成果转化为现实生产力，为经济的发展提供源源不断的动力支持。基于此，自 2014 年 9 月李克强总理在夏季达沃斯论坛上提出“大众创业、万众创新”这一理念，其已连续五年被写入中国政府工作报告。2017 年 4 月，联合国通过决议将每年 4 月 21 日指定为世界创意和创新日，并呼吁各国支持“大众创业、万众创新”。这足以显示出创新作为推动可持续发展的重要动力已获得广泛国际共识，中国方案再次为全球课题贡献智慧。然而这其中，将牵涉哪些层次局面以及哪些特别值得关注、可资深入探讨的重要而紧迫的研究内容呢？

二、大众创业、万众创新研究的理论基础

（一）经济理论基础

尽管马克思主义政治经济学与西方新古典经济学这两个经济学派关于创新的观点和思路存在一些争论，但他们一致认为技术创新是推动经济长期增长的动力。马克思主义政治经济学指导下的创新观念认为创新不是个人或单主体的活动，而是人民群众广泛参与的活动。政府在人民群众的创新创业过程中起到重要的宏观调控作用，在创新创业融资、政策支持方面强调政府的干预。以熊彼特为代表的西方经济学者认为企业家在创新活动中担当关键角色，创新过程是企业家才能的充分发挥，依靠市场力量和新兴企业家，创新可以促进经济发展。企业家可以通过将社会科技水平与市场需求相结合来克服技术创新过程中固有的不确定性，从而实现经济的持续增长和产业结构的持续升级。有学者认为，市场机制是万能的，其促进了市场力量和企业家人才在促进大众创业和创新方面的发挥。也有学者认为，共享是创新的目标，实现这一目标需要人民的共同参与。市场主导的大众创业与创新观是以西方经济学的创新理念为基础的，而共享型的大众创业与创新理念则是中国实现创新、促进经济发展的可能途径。

（二）管理理论基础

其一，国家创新系统理论。国家创新系统的概念表明，创新不是通过个人、组织和机构产生的，而往往是要素间的联系和相互作用以及知识、技术在各主体间的流动。在国家创新体系中，中小企业是创新的重要源泉。中小企业具有对技术变化做出迅速反应的优势，在将新技术引入市场方面比大型企业更具灵活性和创新性。其二，开放式创新理论。开放式创新突破了传统封闭式创新资源的壁垒，使创新系统模式由线性驱动转为系统驱动，各创新要素之间能够自由流动。企业通过对外部创新资源的获取与整合，并将内外部创新资源进行融合、再创新，以此来降低创新给企业带来的不确定性风险。陈劲和吴波（2012）认为，在开放式创新范式下，外部技术合作成为企业有效获取技术创新所需关键资源的一个重要途径。合作模式和开放度成为有效管理企业技术合作获取外部资源的关键。其三，三重螺旋理论。三重螺旋理论揭示了企业的研发投入应更加注重基础研究的原因，同时赋予了大学开辟新的使命（即创新创业型大学的兴起），政府在创新创业过程中具有举足轻重的作用，渐渐有转变为"服务型""创新型"政府的趋势。王成军等（2008）认为，产、学、官之间互助创新机制的建立，能够使三者资源实现共享，提高科技资源的配置效率，促进高效协同创新体系的构建。

三、大众创业、万众创新研究脉络梳理

（一）对企业家精神的研究

企业家精神是由熊彼特最早提出并系统论述的，在其看来企业家与投机者不同，个人财富仅是其目的之一，但最突出的动机在于"个人实现"的心理即企业家精神。而熊彼特认为，企业家精神包括建立"私人王国"、对胜利的热情、创造的喜悦和坚强的意志。而近年来，习近平总书记在谈及鼓励与支持非公有制经济发展时也曾多次提出要激发或发挥企业家精神。对企业家精神的研究不仅是适应和引领经济新常态发展的迫切需要，而且对于重振企业家信心也有着重要的作用。一些学者对影响企业家精神的激励因素进行研究，发现企业家精神的周期性组成部分对创新精神的自然率持续增长产生影响，商业周期的产出变化会显著影响未来企业家精神，社会心理等因素也是企业家激励的重要预测因素。另外，企业家精神与经济增长的关系研究也是许多学者关注的热点。唐国华（2014）和陈俊龙等（2014）探索了企业家精神对经济增长影响的作用机理，认为企业家精神是经济增长的关键因素之一。Capello 和 Lenzi（2016）认为企业家精神是由新公司经营的创新环境特征调控的，从而解释企业家精神与区域增长之间的关系，并利用区域创新模型为创业行为特征和经济增长之间复杂和空间异质的相互作用提供证据。Qian 和 Jung（2017）提出企业家精神和吸收能力是解决知识过滤器的有效因素，通过探索性因素分析确定两种吸收能力，即认知能力和技术能力，在区域经济绩效的影响中认知能

力对其有着显著的调节作用。

企业家精神的发挥对于创新创业具有重要意义，企业家不仅是推动创业也是推动创新的主要力量。尽管许多学者将企业家精神作为影响创新创业效果的重要变量进行研究，却鲜有学者从企业家精神组成要素的视角对企业家精神与创新创业之间的影响机制进行更深一步的探究。叶作义和吴文彬（2018）将企业家精神划分为企业家经营能力、创业能力和创新能力，认为企业家经营能力对企业 R&D 投入有负向影响，创业能力和创新能力则会显著增加企业 R&D 投入。企业家精神与创新密切相关，对于如何发挥企业家在创新活动中的主体作用，许多学者认为构建多主体协同创新机制刻不容缓。辜胜阻等（2016）提出需要从培育创新创业文化、激发企业家精神、发挥企业创新主体作用、营造创新创业环境等方面多措并举、多方协同，以调动全社会共建创新型城市的积极性。

（二）创新生态系统的研究

创新驱动的发展背景下，企业竞争优势的提升越来越依赖其所处的创新生态系统，作为市场与组织的中间层次，生态系统视角成为创新理论研究范式的新方向。而对创新生态系统的研究主要围绕商业生态系统、价值创造、开放式创新和创新生态系统四大聚类展开。学者关于商业生态系统的研究主要从资源、协同创新、价值网络等视角开展，商业生态系统突破了传统的封闭式创新模式，开元式创新模式弱化了商业生态系统边界，加强了企业间信息、知识、技术的流动与交流，促进核心企业与非核心企业之间的互补创新。陈凤等（2015）将众创空间创业生态系统结构化为众创精神、创客生态圈、资源生态圈以及基础平台与创业政策四个维度，分析了众创空间创业生态系统建构以及用户价值创造的核心机制。刘志迎和武琳（2018）基于已有创新与创业理论的基础，回顾了众创空间理论的发展历程，综合了众创空间的背景条件、主体情感和方法路径三个理论视角，系统解读众创空间产生与运行的基本原理。技术创新过程中技术和市场具有极大的不确定性，单一个体所拥有的创新要素也是有限的，开放创新为中国企业走出困境提供了契机，它不仅为企业利用外部资源、提升创新空间提供了契机，也带来了创新管理的新理念。开放式创新亦成为国内外学者研究的重要课题，Zahra 和 Nambisan（2011）探讨创新生态系统在产生和支持新企业中的作用所引发的异质性，并指出在创新生态系统中的创业活动与其他背景下的企业活动有所不同。国内许多学者在对国外开放式创新的内涵、框架进行分析的基础上，提出了开放式创新在中国情境下需要研究的现实与理论问题。吴绍波（2013）分析了战略性新兴产业创新生态系统协同创新的治理机制，强调创新生态系统经营上下游企业之间的依赖关系的构建。王成军等（2016）进行了三重螺旋视域下的中国各省市区域创新水平差异性研究。付群英和刘志迎（2016）探讨了大众创新的内涵与运行模式。罗晖等（2016）从全球创业指数、全球创新指数、营商环境报告、市场活力、硅谷指数等方面对中国大众创业、万众创新的检测指标进行了研究。张秀娥等（2017）提出大学生创新创业生态系统不仅需要高校、产业和政府三方各司其职，还需要上述“三位一体”的生态系统内部形成良性的螺旋互动。

（三）创新创业政策的研究

经济发展与社会进步是政府与市场双向作用的结果，而政策的影响无处不在，旨在规范、约束市场，为市场中各主体提供支持建立健康有序的发展环境。目前中国在创新创业方面制定了多项政策，目的在于推动区域创新创业的发展，从而提升国家的创新创业水平。评价大众创业、万众创新政策的实施效应是政策评估的重要内容，相关学者对此也进行了大量的探索，涌现出了大量的研究成果。赵莉晓（2014）基于公共政策评估逻辑框架的视角对创新政策评估理论方法进行研究。袁卫等（2016）从政策支持、市场环境、文化环境和创业者活动四个维度反映和评价城市创业的综合水平，揭示各个城市不同创业活动特色及发展状况并反映国家创新创业激励政策的作用和效果。瞿晓理（2016）从政策发布时间、适用对象、内容环节及行政体制等角度对中国创新创业人才政策的现状进行分析，根据研究结果对中国地方政府的创新创业人才政策改革提出相应的建议。张杰和李荣（2018）基于对中国产业政策和创新政策的反思，提出政府主导与市场决定的有机融合的创新发展模式以使政策与企业需求相匹配。刘燕华和冯之浚（2012）提出“为借鉴美国创新模式的转型经验，德国已在许多大学尝试，并专门设立了创新创业教授岗位”。赵俊杰（2016）则给出了美国、英国、德国、法国、日本及欧盟等国家和地区在促进大众创新创业上的一些具体举措：营造良好的创新创业环境、培育创新创业文化、为初创和中小企业提供各种公共服务等。刘志迎等（2016）指出传统的创新政策都是基于研发机构、企业而设置的政策，而为适应新形势的发展要求，众创空间打开了过去封闭模式的缺口，从而不断探寻并拓展创新民主化路径。徐宏玲和李双海（2018）对成都市女创业者调查研究后，给出了面向服务业创新升级的一项专门针对妇女创新创业的政策效应评估。

也有学者对创新创业政策实施的效果进行定量分析，并在此基础上提出政策优化路径。文亮等（2011）对创业政策与创业绩效之间的关系进行实证研究，发现不同类别的创业政策对创业绩效的影响效果存在一定差异。彭华涛等（2017）对科技创业政策作用机理进行剖析，认为科技创业政策并不一定对创业活动具有显著的正向影响，科技创业政策的制定要以企业利益为前提且能够有效执行。高伟等（2018）分析了创业政策对城市创业的影响路径，认为不同的创业政策路径为城市通过创业政策促进城市创业提供了不同的路径选择。政策优化是实现政策可持续发展的重要途径，也是政策评价结果的主要应用方向。刘兰剑和董涛（2012）在对中国新能源技术创新政策成效进行分析的基础上，提出了新能源技术创新政策的优化路径。尽管如此，现有研究基于企业视角对政策供给与需求之间的匹配程度进行的分析较少，更缺乏关于政策供需匹配程度的定量研究方法。

（四）技术创新创业的研究

作为企业应对不确定环境的两种重要战略选择，技术创新与技术创业既是企业的两种创造性经济活动，也是企业保持活力和竞争优势的两种重要手段。关于技术创新体系的研究，Carayannis 和 Papadopoulos（2011）认为科技是创新创业质量和数量的关键因素，将大学基础与应用研究和市场联系起来，可以通过技术转移和商业化机制形成可持续竞争优势和驱动手段。Mavroeidis 和 Tarnawska（2017）从四重创新螺旋模型和知识三角概念的角度评估欧洲创新管理系统，提出协作和创造力是二者评估欧洲创新管理技术规范的共同点。随着大众创业、万众创新的提出，创新对经济发展的驱动力日益凸显。朱云鹃等（2017）将中国技术创新实践的阶段划分为三个阶段，根据“技术驱动”到“市场驱动”再到“创新驱动”的发展轨迹，提炼出中国技术创新发展背后隐藏的规律，为双创战略找到理论与现实支撑。陈劲等（2017）从知识管理和价值创造的角度对技术创新、技术创新能力及技术创新体系构建等方面进行探讨，强调了知识管理在企业技术创新过程中的重要作用，提出有关技术创新和创新能力评价的研究应更关注经济价值和社会价值的整合与引导。王成军（2017）指出，在当下中国大学“双一流”建设进程与未来引领时，宜将毕业校友乃至在校师生的创业绩效纳入检验考核中。

关于技术创业的研究，李胜文等（2016）基于技术创新和技术创业交互效应的视角探究了技术创新、技术创业和产业升级之间的关系，认为技术创新与技术创业均对产业升级有重要贡献，通过提高技术创业的活跃度能够加强技术创新对产业升级的推动作用。随着大众创业、万众创新的提出，创新对经济发展的驱动力日益凸显，但是企业家的技术创业在产业结构调整和升级中的作用也不容忽视。当前中国技术创业活跃度低、技术创业机会难以识别、创业成本高等问题使技术创新对企业产业升级的贡献大打折扣。杨明（2016）在众创的背景下，切实发挥高校科技的引领作用，强化协同和集群效应，从而提高高校科技创新人才在众创空间下的创业水平。刘文杰和张彦通（2018）借鉴国外大学技术创业商业化规程的经验，提出对大学创业人才培养模式进行改革、优化以适应创业人才发展的规律。

（五）创新创业型人才培养的研究

建设创新型国家，人才是根本，教育是基础。对创新创业型人才的培养是社会发展的有生后备力量，不仅仅是教育改革的必然要求，还是促进产业结果升级的需要，从而最终决定着社会经济整体发展的质量水平。许多学者结合大众创业、万众创新的内在要求和高校的特点优势，多维度探讨大学生创业执行力的提升机制。创新创业教育是高校教育理念模式在新时期的转变，是适应中国社会变迁及全球化发展的需要，也是高等教育改革与发展的必然取向。葛宝山等（2011）提出通过创业教育培育一批创业型人才，进而可以促进创新型社会的建设，推动产业绩效的提高，并推动高等教育的自身机构运行效率提高。黄兆信等（2015）提出大力推进高等教育综合改革，促进高校毕业生高质量创业就业，是适应中国经济结构战略性调整，实现大众创业、万众创新的必由之路。不少学者提出高校人才培养应向个性化创新创业人才培养模式转变，树立个性化创新创业人才培养理念。学者们认为中国高校教育可以从教学理念、政策支持、教学内容及教师队伍建设层面等方面协调推进，促使高校教育实现健康、稳定、可持续的发展。面对培养出面向未来的、兼具创新精神和创业能力的高素质现代化建设人才，高校必须对高等教育目标做出调整，对人才培养重心进行转移，以适应现代化发展的高等教育体系。

大众创业、万众创新人才的培养不仅仅是学校应承担的责任，越来越多的学者提出应构建多主体合作人才培养机制。杨光祥等（2016）提出政府、高校、企业各主体共同参与，以科研平台、学科竞赛、众创空间、产教融合为核心建立创新创业型工程人才培养体系机制，培养具有创新创业能力的工程人才，从而推动大众创业、万众创新的新格局。林刚和李响（2018）提出创新型人才是推动创新型国家建设的重要驱动，要不断提高高校创业型人才培养模式的科学性，提出构建政府、大学和产业的协同联动的创业型人才培养体系。汪占熬等（2018）对双创背景下的人才培养模式进行探索，提出创新创业共生型校企合作人才培养模式。

（六）创新创业平台的研究

平台作为支撑创新创业的重要经济体，是一种现实或虚拟空间，在此空间可以实现或促成双方或多方客户之间的交易，其作为独立的第三方参与经济活动，在平等的基础上实现主体共建、资源共享，最终达成各方共赢的良好生态系统。黄南霞等（2013）提出结合大数据的背景构建网络协同创新平台以使创新参与主体能够对信息资源进行深度的开发与利用。李欢（2014）提出构建多元开放的科技管理创新平台，融汇官、产、学、研、金、创等多方主体，以物联网云平台支撑大数据时代的科技研发。庞建刚（2015）认为科研众包式科技创新是基于互联网的重要科技创新模式，其网络大众的努力水平对科技创新成果的质量起着决定性的作用。郑雅萍（2016）提出在大众创新创业实施路径中应构建服务创业、激励创业、实践创业、“互联网+”支撑的大众创业服务体系创新创业平台。曾繁华等（2016）以“互联网+制造业”为支撑平台，通过发展“众创、众包、众扶、众筹”等创新模式驱动制造业转型升级。高锡荣和杨建（2018）对双创背景下创意训练平台的构建及应用进行研究，提出了创意训练平台的功能概念模型，并据此设计了由“创意生成间”“创意孵化池”“创意分析室”三大核心应用模块构成的三层结构式系统框架。从以往学者的研究中发现，学者们越来越关注互联网、大数据、云计算技术等“互联网+”环境下创新创业平台的研究。“互联网+”背景下创新创业信息平台的设计及理论架构还有待深化，如何推动平台从理论架构走向实际应用将是未来研究应关注的话题。

四、大众创业、万众创新研究评析与应对

国内外关于创新创业的研究方兴未艾，随着大众创业、万众创新理念的提出，国内更是掀起了对大众创业、万众创新的研究热潮。学者们从不同视角对创新创业问题进行剖析，提出了许多有趣的研究课题，研究结论越发具有理论价值和实践意义。第一，对

企业家精神的研究使我们能够更好地把握企业家和创新者在创新创业中所起的作用。企业家和创新者对于技术创新趋向具有敏锐的洞悉能力且敢于承担技术创新所引致的不确定性风险，更重要的是企业家精神通过利基机会（niche opportunity）的识别与把握推动市场创新和组织创新，实现技术与市场的结合并促进整个社会资源配置的优化。第二，创新生态系统是推动技术和经济发展所必需的机构与人员相互作用的动态系统。在经济和创新全球化趋势加剧的条件下，由关注创新系统内部的相互作用转到关注系统与外部环境之间的相互作用是创新研究后期所面临的重要问题。第三，对创新创业政策的研究，对于如何将科学技术转化为生产力提供更多的政策考虑与支持，为区域乃至国家制定各类政策提供理论指导，有助于从顶层设计视角规划政策体系，保障政策体系的高效合理制定与实施，减少政策的低利用率，避免政策的重复性。第四，对创新创业中技术创新的研究，使得在互联网下对于创新的要求不断增强，实现科技创新就要努力突破核心关键技术，为“工业 4.0”提供强大的技术支持。第五，对人才培养机制的研究，使得我们更加清晰地认识到科技的发展离不开人类的发展，智能化的发展更是离不开相关人才的努力刻苦钻研，为中国在大众创业、万众创新的背景下更好地培养人才提供参考。创新创业人才的培养在很大程度上取决于高校的创新创业教育，对高等教育的创新创业研究，不仅能够促进创新型社会的建设，推动产业绩效的提高，而且能够提高高等教育的自身机构运行效率。第六，在知识经济的迅速发展下，大众创业、万众创新作为国家的一项重大战略措施，其发展离不开相应平台的建设和完善。

虽然既有研究对企业家精神、创新生态系统、创新创业政策、创新创业发展平台和大学生创新创业教育等问题做了初步探索，但是，对于大众创业和创新理论的整体研究，特别是众创经济的本质规律、区域特征及其可能涉及的法治规整，学者们仍然缺乏一个系统的研究，更不要说能有明确的判断了。为此，需要做好以下方面的工作或事项：第一，我们应该深入理解大众创业、万众创新政策背景下创业经济功能实现的内在逻辑架构及其驱动在哪里。由于大众创业、万众创新正式提出时间较晚，相关研究主要停留在定性分析层面，只有较少学者对大众创业、万众创新与经济发展之间的关系进行探讨。第二，学术界对创新与经济发展的主流研究集中在高科技创新与经济发展之间的关系上，只有较少针对目前国家大力号召的“双创”与经济发展之间关系的研究。第三，众创的产业差异分析需要深入研究，大众创业、万众创新是一种能够集中资源、不对技术内容要求过高的创新和创业活动。因此，以往的高科技创新与大众创业、万众创新有着本质的区别。第四，学者对大众创业、万众创新运行与发展情况的评价关注较少，大众创业、万众创新发展评价指标体系还有待探索。此外，还应进一步研究创新绩效评价。我们不仅要注重创新产出绩效的评价，还要对创新过程的绩效进行评价。而在中国情景下探索创新绩效研究将成为重要研究方向，应该根据中国国情，开发适合本土企业的创新绩效评价体系。第五，关于大众创业、万众创新发展的创新创业生态系统、财税政策体系、金融体系和文化氛围的研究还有待进一步深化。国内相关研究多为定性理论分析，定量实证研究较少，尚待进一步深入和加强。第六，跨学科吸纳和非传统学习不够，如近些年国际上涌现的大学、产业、政府三重螺旋研究，甚而有一些学者在三重螺旋的基础上增加公众参与作为第四螺旋（王成军，

2016）。迄今为止，国内这方面的研究还尤为薄弱和鲜见，即如何在四重螺旋的框架内多进行实地调研（更好地把握动态进展）、文献阅读（国际视野理论建构）、建言献策（透过现象看本质，落实服务于当地），以不断丰富、积极拓展对于大众创业、万众创新方面的真切认知与扎实研究。

五、结语与讨论

根据以上综合分析可以发现，大众创业、万众创新研究作为近几年较为热门的研究领域，虽然还处于探索阶段，但也形成了一些相对集中的多元化焦点。另外，关于大众创业、万众创新研究理论的建构既紧密结合中国当前实际情形与发展态势，也渐渐呈现出多元化特色。出现上述特征是学科的早期发展阶段不可避免的。首先，由于研究人员来自不同的学科，他们所处的学科环境存在的差异可能导致其对同一问题研究视角及讨论重点的不同，对同一问题的结论也会有所不同。其次，由于研究主要是由个体驱动的，研究群体规模小、分散，缺乏有效的内部交流，很难就一些关键问题达成一致，并就一些关键问题形成相对成熟的结论。最后，理论分析，如概念和模型，由于研究技术和检测方法的局限，很难进行科学的评估。

中国大众创业、万众创新研究仍处于初期探索阶段，理论架构及其研究成果还缺乏足够的实证检验和科学评价。未来的研究，一方面，既要促进大众创业、万众创新研究的包容性，也要突出在具体中国当代问题意识情境下大众创业、万众创新研究的特点，加强学术共同体内部联系并积极主动参与跨界交流，驱动大众创业、万众创新研究更“接地气”并走向成熟。如何通过大众创业、万众创新更好地服务建设现代化经济体系，实现供给侧结构性改革，是我们未来研究面临的新课题。另一方面，对于大众创业、万众创新的研究多是政策解读，对其理论溯源及演化、效果评价较少涉及，未来研究可从以上几个方面对大众创业、万众创新政策进行系统化挖掘。凝心聚力提炼出相应凸显的问题意识，合理运用研究技术和检测方法，加强对重要问题的数据分析，根据中国国情构建适合中国本土大众创业、万众创新研究的相关评价体系。

还应指出的是，对于大众创业、万众创新这样内涵丰富多样、层次千差万别的社会实践活动、新生新兴事物，我们理当尽可能多给些耐心和精力以不断调研观察、探究发现其中所涌现出的诸多事项与议题，并结合创新型国家的先进经验与良好做法以及主要创新创业基础理论的卓越学习与深刻研究，进一步期待该领域内的学术内在动力的形成以及相应学术敏感性与价值力的逐步增强。好在，最近一个时期，中国各级政府都在从政策、财税、营商环境等方面积极着手为民营企业、中小企业纾困解难。这对于推动大众创业、万众创新实践深化及其理论跃升无疑将起到巨大的利好作用，形成新一轮的崭新窗口机遇期，并将更有效推动中国创新型国家及小康社会的实现。

参考文献

陈凤，项丽瑶，俞荣建. 2015. 众创空间创业生态系统：特征、结构、机制与策略——以杭州梦想小镇为例. 商业经济与管理，(11)：35-43.

陈劲，吴波. 2012. 开放式创新下企业开放度与外部关键资源获取. 科研管理，33（9）：10-21，106.

陈劲，赵闯，贾筱，等. 2017. 重构企业技术创新能力评价体系：从知识管理到价值创造. 技术经济，(9)：1-8，30.

陈俊龙，齐平，李夏冰. 2014. 企业家精神、企业成长与经济增长. 云南社会科学，(3)：84-88.

付群英，刘志迎. 2016. 大众创新：内涵与运行模式. 科学学与科学技术管理，37（2）：3-10.

高伟，高建，李纪珍. 2018. 创业政策对城市创业的影响路径——基于模糊集定性比较分析. 技术经济，37（4）：68-75.

高锡荣，杨建. 2018. 双创背景下创意训练平台的构建及应用. 企业经济，(5)：56-63.

葛宝山，陈沛光，高洋. 2011. 促进中国创业教育发展的关键因素研究. 学习与探索，(6)：171-173.

辜胜阻，杨嵋，庄芹芹. 2016. 创新驱动发展战略中建设创新型城市的战略思考——基于深圳创新发展模式的经验启示. 中国科技论坛，(9)：31-37.

黄南霞，谢辉，王学东. 2013. 大数据环境下的网络协同创新平台及其应用研究. 现代情报，33（10）：75-79.

黄兆信，赵国靖，唐闻捷. 2015. 众创时代高校创业教育的转型发展. 教育研究，(7)：34-39.

李欢. 2014. 大数据背景下科技管理创新平台构建研究. 科学管理研究，32（3）：44-48.

李胜文，杨学儒，檀宏斌. 2016. 技术创新、技术创业和产业升级——基于技术创新和技术创业交互效应的视角. 经济问题探索，(1)：111-117.

林刚，李响. 2018. 高校创业型人才培养模式要素解析与转型路向——基于地方综合性大学的分析视角. 江苏高教，(6)：71-74.

刘兰剑，董涛. 2012. 我国新能源技术创新政策成效及其优化分析. 技术经济，31（7）：1-6.

刘文杰，张彦通. 2018. “技术创业商业化规程”：美国北卡州立大学创业教育新模式. 高等工程教育研究，(2)：176-181.

刘燕华，冯之浚. 2012. 美国创新模式转型对我们的启示. 读书，(11)：68-74.

刘志迎，武琳. 2018. 众创空间：理论溯源与研究视角. 科学学研究，36（3）：569-576.

刘志迎，徐毅，洪进. 2016. 众创空间：从“奇思妙想”到“极致产品”. 北京：机械工业出版社.

罗晖，李慷，邓大胜. 2016. 中国“大众创业、万众创新”监测指标研究. 全球科技经济瞭望，31（1）：17-30.

庞建刚. 2015. 众包社区创新的风险管理机制设计. 中国软科学，(2)：183-192.

彭华涛，谢小三，全吉. 2017. 科技创业政策作用机理：政策连续性、稳定性及倍增效应视角. 科技进步与对策，34（21）：88-94.

瞿晓理. 2016 .“大众创业，万众创新”时代背景下我国创新创业人才政策分析. 科技管理研究，(17)：41-47.

唐国华. 2014. 企业家精神、产品创新与内生经济增长——理论模型和基于中国数据的经验研究. 经济问题，(3)：11-16.

汪占熬，钱翀，叶春霜. 2018. 创新创业共生型校企合作人才培养模式探索. 教育理论与实践，38（6）：12-14.

王成军. 2016. 社会创业——基于四重螺旋的捐赠大学研究. 北京：经济科学出版社.
王成军. 2017-04-25. "双一流"不妨纳入创业绩效. 光明日报.
王成军，陈忠卫，许理存. 2008. 基于三重螺旋的中国自主创新问题研究. 中国科技论坛，(11)：8-10，20.
王成军，余晓芳，陈忠卫. 2016. 三重螺旋视域下中国区域创新水平差异性研究. 科技进步与对策，33（7）：36-41.
文亮，刘炼春，何善. 2011. 创业政策与创业绩效关系的实证研究. 学术论坛，(12)：128-131，168.
吴绍波. 2013. 战略性新兴产业创新生态系统协同创新的治理机制研究. 中国科技论坛，(10)：5-9.
徐宏玲，李双海. 2018. 面向服务业创新升级的妇女创新创业政策效应评估——基于成都市女创业者的调查. 四川大学学报（哲学社会科学版)，(2)：14-22.
杨光祥，文传浩，何希平. 2016. 基于众创空间的"政产学研用"协同培养模式探索. 中国高校科技，（4)：76-79.
杨明. 2016. 发挥高校科技创新人才在"众创"时代的引领作用. 中国高校科技，(3)：82-84.
叶作义，吴文彬. 2018. 企业研发投入的驱动因素分析——基于中国上市公司企业家精神角度. 上海对外经贸大学学报，25（2)：40-51.
袁卫，吴翌琳，张延松，等. 2016 .中国城市创业指数编制与测算研究. 中国人民大学学报，30(5)：73-85.
曾繁华，侯晓东，吴阳芬. 2016. "双创四众"驱动制造业转型升级机理及创新模式研究. 科技进步与对策，33（23)：44-50.
张杰，李荣. 2018. 政府主导与市场决定的有机融合——基于对中国产业政策和创新政策的反思. 江苏行政学院学报，(3)：45-53.
张秀娥，张宝文，秦鹤. 2017. 大学生创新创业生态系统优化研究——基于三螺旋理论的视角. 财经问题研究，(5)：79-85.
赵俊杰. 2016. 国外政府促进大众创新创业的政策措施. 全球科技经济瞭望，31（1)：31-37.
赵莉晓. 2014. 创新政策评估理论方法研究——基于公共政策评估逻辑框架的视角. 科学学研究，32（2)：195-202.
郑雅萍. 2016. 以综合实践活动视角看大众创业服务体系构建. 理论与改革，(1)：152-155.
朱云鹃，李颖，李丹. 2017. "大众创业、万众创新"战略溯源研究——改革开放以来中国技术创新演变脉络. 科技进步与对策，34（1)：9-14.
Capello R, Lenzi C. 2016. Innovation modes and entrepreneurial behavioral characteristics in regional growth. Small Business Economics，(4)：875-893.
Carayannis E, Papadopoulos C. 2011. The innovation diplomacy concept and the hellenic-american innovation bridge as a special case-in-point. Journal of the Knowledge Economy，(2)：257-326.
Mavroeidis V，Tarnawska K. 2017. Toward a new innovation management standard. Incorporation of the knowledge triangle concept and quadruple innovation helix model into innovation management standard. Journal of the Knowledge Economy，(8)：653-671.
Qian H F，Jung H. 2017. Solving the knowledge filter puzzle：absorptive capacity，entrepreneurship and regional development. Small Business Economics，(1)：99-114.
Zahra S，Nambisan S. 2011. Entrepreneurship in global innovation ecosystems. AMS Review，(1)：4-17.

市场塑造之美国模式

——为什么全球“最自由”的市场经济却最受政府管控？

Stephen K. Vogel[①]　赵晓军译[②]

摘　要： 看似自由的美国市场经济实际上承受着最为严格的政府管控：美国政府管制数量之多、复杂性之高居世界前列。通过对战后模式核心特征的分析，本文首先证实了美国经济依赖于大规模的市场管控；其次，通过对美国 1980 年以来许多特定领域改革的分析，论证了美国市场改革（“放松管制”）从更大程度上来说是一个提高市场管控而不是解除规制的过程；最后，通过信息革命和金融危机的案例分析，指出美国市场改革既取得了一些成功，也遭遇了一些失败。

关键词： 市场塑造　放松管制　市场管控　市场治理

中图分类号： F123　F03

美国不仅和其他国家一样要对市场进行管制，而且其自由市场模式的许多内在特征本身就是法律、规范和实践的产物。我们不能消极地看待美国市场体制，如认为其缺乏日本式的政府干预或者私人部门间的协调，而应该积极地意识到美国市场体制是特定市场治理制度的产物。事实上，“最自由”的美国市场经济大概是最受政府管控的：美国政府管制数量之多、复杂性之高居世界前列[③]。自 20 世纪 70 年代中期以来的整个“放松管制”时期，美国管制依然在持续强化（Regulatory Studies Center，George Washington University，2016；Mercatus Center，George Mason University，2017）。这看起来似乎自相矛盾，但却符合我们之前一贯的观点：如果市场需要治理，那么最发达的资本市场、最具流动性的劳动力市场和最具竞争性的产品市场应该需要最周密的管控。当然，尽管

---

① Stephen K. Vogel，男，美国加利福尼亚州伯克利大学政治科学系教授，本文节选自其所著《市场塑造：政府如何使市场运行》（*Marketcraft：How Government Make Markets Work*）一书的第三章。摘要及关键词为译者根据正文内容所添加。

② 赵晓军，男，管理学博士，贵州民族大学公共政策研究院副研究员，研究方向：公共政策与制度变革、政府绩效管理。

③ 根据通过统计管制法律的数量以及每一法律包含的字数而得出的 2017 全球管制数据库（Global Regulation Database）管制复杂性指标的相关数据，美国在管制复杂性方面居世界首位，或接近世界第一，而日本只是接近或低于平均水平。例如，从银行管制来看，美国（与英国和法国）在法律数量和复杂性方面居世界前列，日本在法律数量方面的排名靠后，在管制复杂性方面居于世界平均水平；从互联网管制来看，美国（和澳大利亚）在两个维度方面均处于世界领先地位，而日本在数量方面居末端水平，复杂性方面处于世界平均水平。2016 年，美国联邦公报共收录了 31 184 个法律文件，共 97 069 页；联邦管制法案共有 242 卷，185 053 页（Office of the Federal Register，2017a，2017b）。通过测量法律义务履行的条文数量，莫卡特斯中心（Mercatus Center，George Mason University，2017）估计，2016 年联邦管制法案共包含 36 508 955 条限制性条件。

法律法规也可以限制市场，但是一个富有活力的市场经济需要更多专门的法律法规，如公司法、金融法规和竞争促进法规①。

通过对战后模式核心特征的调查，本文首先证实了美国经济依赖于大规模的市场管控；其次，通过对1980年以来许多特定领域改革的分析，论证了市场改革（“放松管制”）从更大程度上来说是一个提高市场管控而不是移除限制的过程；最后，分析了美国市场治理方面两个具有全球影响力的案例：一个是促进了创新和经济增长的信息革命；另一个是造成经济损失、减缓经济增长的金融危机。

一、战后模式

美国战后模式不是一个“自由”市场，而是一个内含政治制度和市场制度的混合模型，二者交互联系形成一个独特的市场治理体制。美国模式当然不是一成不变的：随着时间、地区、行业和企业的变化，模式会相应发生改变②。本章主要聚焦区别于下一章日本模式的广义上的国家模式，主要讨论行业和地区两个变量，尤其在本章最后两节的内容里。

这一节讨论20世纪50年代到70年代美国战后模式的核心特征，主要从政治体制、金融体制、劳动力市场和竞争体制进行分析。表1选择性地列举了一些体现这些特征的例子，但这并不意味着这些特征在不同的时间和空间里都是一样的。事实上，这些特征一直以这样或那样的方式发生着变化。由于某些特征与时间（变量）联系密切，故有必要将美国模式置于不同的时间内进行考察。例如，1980年以来，利于竞争的反托拉斯体制一直备受挑战，而另外一些体制，如公司治理的股东价值模型（shareholder value model），却一直牢不可破。

表1 美国市场治理：1945~1980年（选择性举例）

领域	法律和管制	实践和标准	规范和信念
会计	大量的公开要求；部分标准化	私人部门标准化组织	管理人员在报告方面应该有部分自由裁量权
银行业务	碎片化的管控体制；固定的存款利率；存款保险体制	具有一定自由的银行行业关系	银行人员应该培养与客户间的良好关系
资本市场	固定佣金制度	经纪人职业规范	经纪人应该代表他们客户的利益
公司治理	在特拉华州，公司成立的门槛较低	从管理模型到财务模型	管理人员在业务运营方面应具有自治权（管理主义）
反托拉斯	沃伦法院在1953~1969年的激进政策	仍然存在结盟现象；反竞争实践；相比日本更少的行业协调	经济上和政治上，大的就是坏的；公司应该竞争，而不是合作

① Prasad（2012）认为，由于美国市场管制之多，故美国经济并不是真正意义上的自由市场经济（liberal market economies，LMEs）。尽管如此，如果我们将自由市场经济定义为具备竞争性资本市场、竞争性劳动力市场和竞争性产品市场特点的经济的话，那么这里的观点预测自由市场经济将需要更多的市场管制。

② 在部门方面的差异，可参见：Vogel S K. 2006. Freer Markets，More Rules：Regulatory Reform in Advanced Industrial Countries. Ithaca：Cornell University Press。

续表

领域	法律和管制	实践和标准	规范和信念
劳动力	工会许可规定；国家劳工关系委员会的准司法审查	工会的黄金时代，劳资关系管理	雇主应该支付公平的薪酬
电力	价格和准入管制	协调输电，独立发电，一些电力交易	准入应该是普遍的；公用事业中，安全应优于低成本
航空	价格和准入管制	服务质量的竞争先于价格的竞争	航空运营商对安全和服务方面的重视应优于低成本
通信	价格和准入管制	主运营商（对其他竞争者）设置障碍	准入应该是普遍的；AT&T 应该进行以公共利益为导向的研究开发
专利	相对松懈的保护，政府对研发的支持	构建专利组合	专利促进创新
版权	相对严密的保护，政府对研发的支持	诉讼	版权促进创造性工作

无论是相比黄金时代之前还是黄金时代之后，20 世纪 50 年代至 70 年代的黄金时代期间，美国政府在重塑经济、激发创新、加强管制和提高福利方面都要更加积极；工会无论在企业层面、行业层面，还是在国家层面上都有较大的影响力。罗斯福新政赋予了联邦政府更大的权力，战争动员则进一步巩固了中央政府的权威。第二次世界大战后的美国领导人在政府管控经济、支持工业增长和提高经济福利的能力方面都信心百倍。尽管如此，相比较而言，美国政治体制依然是较为碎片化的，政府不太愿意对经济进行管控，相比日本和西欧国家，工会的影响力也相对较弱。

美国政治体制的碎片化至少表现在三个方面：联邦政府和州政府共同分享权力；三权分立，且司法部门权力异常强大；行政机构被拆分为不同的部门和管制机构（这些管制机构与司法部门的职能部分重叠）。联邦体制使得政府机构易于受到监管套利的影响，企业可借此将商业活动转移至管制环境更利于自身发展的其他州。管制权力的碎片化使得联邦政府在统一政策、协调不同问题，以及保持不同时间的一致性等方面变得更加困难。法院在管制事务（包括对抗式管制和法律管制）方面的主导地位，使得行政官僚拥有更少的自由裁量权，同时使企业有更大的能力去挑战市场规则或法庭规则①。美国既不像西欧国家拥有稳定的社团议价机制，也不像日本具有紧密的政企联系（Wilensky，2002，2012）。尽管美国企业具有很强的政治影响力，但是它们促进特定政策制定的更多方式是，凭自身力量进行游说；组建新联盟，排除异己；将众多临时同盟聚合在一起（Vogel，1989；Lehne，2001）。

相比大多数西欧国家，美国在福利水平和税收累进方面要更低一些，而在经济不平等方面，其容忍程度又更高一些（Wilensky，2002，2012）。尽管美国领导人原则上更支持自由贸易（实践中并非总是如此），通常规避单单支持某一部门或某一特定技术的干预

---

① Kagan（2001）将美国的法律体系和管制体系的特征描述为“事无巨细的强制性法律规则，数量惊人的法律诉讼，各种高成本的法律抗辩形式，令人恐惧的法律惩罚措施，频繁爆发的政治冲突，高水平的法律延展性和不确定性”。Kagan（2001）认为，20 世纪 60 年代后，由于改革者试图通过碎片化的、以不信任中央政府权威为特点的政治体制来推动社会变革，对抗式法律主义（adversarial legalism）获得了发展。Kagan（2001）对导致美国法律复杂性（包括碎片化的政治结构）的原因进行了探究。

式产业政策，但是美国政府在许多经济部门，包括国防部门、农业部门，以及诸如通信、交通、金融等管制部门，都偏离了自由市场的理想原则（Block，2007；Prasad，2012）。

第二次世界大战后的美国被认为是自由市场经济，具有竞争性的劳动力市场、金融市场和产品市场。相比协调市场经济（coordinated market economies，CMEs）国家，如德国和日本，美国企业与工人、银行和供应商的联系较弱。美国企业有更小的能力和更弱的意愿去协调工资谈判、职业培训、技术标准和研究开发。Hall 和 Soskice（2001）将此称为稳定均衡，劳动力、培训、金融体系和竞争体制之间相互补充。自由市场经济中的企业从灵活的劳动力市场、富有活力的金融市场和竞争性的产品市场中获取竞争性的制度优势；而协调市场经济中的企业则更多依赖与工人、银行和其他企业的长期合作伙伴关系。

罗斯福新政实施后形成的金融体制以去中心化的银行部门和碎片化的管制结构为特点。联邦储蓄银行、财政部、通货监管局、证券交易委员会和证券交易所等机构均有一定的管制权力。政府设计金融体制的目的在于服务地方社区和促进房屋买卖。这滋生了一批特别的储贷机构，其被要求对长期房贷而不是短期商业贷款进行投资，以换取一定的特权，包括提供更高储蓄利率的权力。第二次世界大战战后时代来临之前，美国已经成为一个所有权社会（ownership society）。相比其他发达国家，美国不仅拥有更高水平的房屋产权和股票产权，也拥有更高水平的抵押贷款和消费债务（Prasad，2012）。与日本建立在信用基础上的金融体制不同，美国的金融体制以公平为原则，这意味着大型企业更倾向于通过股票市场、债券市场和留存收益进行融资，而不是通过银行贷款（Zysman，1983）。企业与银行保持一定的距离，这与日本建立在关系基础上的"主银行"体制是大相径庭的。

在第二次世界大战后的早期阶段，大多数美国公司所有权的分散持有使得经理人员可以控制董事的提名和选举，从而阻碍了股东对公司管理的监督（Cioffi，2004）。尽管如此，Fligstein（1990，2002）认为，20 世纪 50 年代后期的企业融资模型——企业被认为是一系列资产的组合，通过配置这些资产以实现短期收益的最大化，开始取代销售营销模型——企业通过市场营销、产品差异化和生产线多样化实现销售额的最大化。杜鲁门和艾森豪威尔执政时期的激进反托拉斯政策抑制了企业通过纵向整合（如与供应商进行整合）和（与竞争对手的）横向联合获得自身增长的能力，因此日益以融资为导向的经理人员将兼并经营不同业务的企业作为其增长战略，从而使企业朝着多元化方向发展。

相比大多数工业国家，美国有更具竞争性的劳动力市场、较弱的工会和较少的集体谈判协定。政府为边缘劳工和失业群体提供更多适中的社会安全网络保障和较弱的积极劳动市场政策，如创造就业、职业培训和工作安置项目（Freeman，2007；Wilensky，2012）。美国工人具有更高的职业流动性（无论是企业间的流动还是地区间的流动）和更少的就业保障①。美国劳动力市场的这些特征已被嵌入法律、商业实践和社会规范之中。美国劳

① Rosenbloom 和 Sundstrom（2009）认为，南方奴隶制度和北方自由市场的地理划分促进了美国独特的"自由"劳动力理念的形成，而 18 世纪早期的法庭判例又进一步加强了这一理念：法庭长期以来一直支持低依附和高流动的劳动力市场。

动法使工会比其他工业国家更难获得许可，企业有更多的余地阻止工会和更换罢工工人（Wilensky，2012）。美国没有像德国或日本那样更为发达的协调机构，主要依靠法院对劳动纠纷进行裁决。尽管如此，第二次世界大战后相当长的时间里，美国呈现出相对合作性的劳工关系、大幅度的工资增长和低频率的罢工活动等特点（Eisner，2011）。虽然这一时期管理者和劳工的关系并不如德国和日本紧密，但是相比 20 世纪 80 年代后要更具合作性。Western 和 Rosenfeld（2011）认为这一时期的工会主要致力于同工同酬制度化的道德经济，包括工资平等和缩小薪资差距，甚至为非工会工人争取权益①。

相比德国或日本，美国的反托拉斯政策是利于竞争的。通过限制企业间的协调，该政策形塑了美国的行业结构。因而，Hall 和 Soskice（2001）认为“美国强大的反托拉斯体制和弱小的企业间网络是一枚硬币的两面”的观点是正确的。美国反托拉斯政策不允许美国像在日本那样普遍存在诸多形式的企业间协调，诸如研发联盟、危机卡特尔、综合商社，以及独特的经销商联盟或产业集群等。正因为此，我们在第四章可以看到，通过法律例外原则和放松法律执行，日本政府系统地削弱了第二次世界大战后美国采纳的反托拉斯体制。在美国，由于私人部门间合作能力和合作意愿的缺乏，企业间的协调相对较弱，甚至是在那些法律上允许的领域也是如此，如职业培训或设定技术标准。反托拉斯政策的执行在沃伦法院（1953~1969 年）得到加强，在沃伦担任大法官期间，法院质疑强势企业和知识产权法，认为激进的反托拉斯政策将有助于公共福利的提高。

第二次世界大战后美国的创新体制以联邦政府和私人企业在研发方面的大量投资和利于技术扩散的相对宽松的知识产权体制为特点。尽管超过一半的研发费用投到了国防部门，但是这种研发和国防采购也为商业部门带来了大量的收益。联邦政府研发资金的流向独具特色：大量资金流入私人部门，如美国 AT&T、美国国际商用机器公司（IBM）和杜邦公司（Dupont）等，这大大提升了重大研究的数量。小企业在特定领域（如生物技术和信息技术）方面的创新扮演着至关重要的角色，这一角色在 20 世纪 70 年代表现得尤为明显。美国也拥有世界上最卓越的研究大学网络（Mowery and Rosenberg，1993）。政府在一些领域实施强制许可，积极的反托拉斯执法通过促进自由许可和交叉许可推动了技术的扩散（Coriat and Weinstein，2012）。

本章接下来的部分将会对 20 世纪 80 年代后美国模式在金融、公司治理、劳工关系、反垄断、规制改革和知识产权等方面的改革路径进行讨论（表 2）②。这些案例翔实地论证了被称为“放松管制”的运动实际是市场治理的重构，而不是市场管控的取消。尽管美国和英国在 20 世纪 70 年代就已经尝试进行管制改革，但是全球化的新自由改革运动——旨在降低税收和减少开支、“放松管制”和放开“自由市场”——在玛格丽特·撒切尔首相（1979~1990 年）和罗纳德·威尔逊·里根总统（1981~1988 年）执政之后才开始完全实施（Vogel，1996）。

① Western 和 Rosenfeld（2011）解释道：“在现代劳动力市场中，工会是道德经济的支柱。随着时间的推移，不同国家的工会都广泛地提升了公平标准：主张对低薪工人实现标准化工资，对经理人员和所有者的收入加以限制，以确保公平。”

② 接下来的三小节内容建立在 Vogel（2006）的基础之上。

表 2 美国市场治理改革：20 世纪 80 年代至今（选择性举例）

领域	法律和规制	实践和标准	规范和信念
会计	《2002 年萨班斯–奥克斯利法案》	联合会计（consolidated accounting）的增长	公允价值会计准则出现
银行业务	《1980 年存款机构放松管制和货币控制法案》;《1982 年加恩–圣杰曼存款机构法案》; 1994 年允许州际银行业务	转变为费用基础模型，联合	银行从关系导向的业务规范转变为价格导向的业务规范
资本市场	《格雷姆–里奇–比利雷法案》;《2000 年商品期货现代化法案》	金融创新，投资银行从合作伙伴关系转变为上市公司	银行从关系模型转变为利润最大化模型；2008 年金融危机后公众"占领华尔街"
公司治理	允许回购；鼓励股票期权；《2002 年萨班斯–奥克斯利法案》	高管薪酬的增长，尤其是在股票期权方面；回购、收购和外部董事的数量也获得了增长	股东价值模型成为新的规范
劳动力	任命有意促进商界和谐发展的人员担任国家劳工关系委员会的职务；1993 年和 2007 年的改革尝试均告失败	工会削弱策略，裁员	公平付酬的道德经济遭到削弱
反托拉斯	反托拉斯政策在 20 世纪 80 年代遭到削弱;《1994 微软协议》和《2001 微软协议》	兼并增长，在信息技术方面的反竞争实践	主流理论转向了芝加哥学派和后芝加哥学派
电力	《1978 年解除管制法》和《1992 年解除管制法》	20 世纪 90 年代出现操纵市场行为	在 2000~2001 年加利福尼亚危机后，公众对竞争的支持减少，而后逐渐反弹
航空	《航空业解除规制法案》;民用航空局在 1984 年被撤销	轴辐式空运系统的加强，价格歧视的增加	运营商的等级地位得到巩固
通信	1982 年 AT&T 公司解体;《1996 年电信法》; 网络中立原则在 2015 年得到肯定，在 2017 年遭遇挑战	新竞争者的出现对现有规定提出了挑战；主运营商（对其他竞争者）设置障碍	竞争规范随 20 世纪 90 年代国际竞争的发展而调整；网络中立原则在 2000 年初开始出现
专利	《贝赫–多尔法案》; 1982 年，美国联邦巡回上诉法院成立;《2011 年美国发明法案》	专利延期的出现	开源运动不断蔓延
版权	《1998 年桑尼·波诺法案》;《1998 年数字千年版权法案》	文件共享；版权持有者撤销通知	公平使用宗旨出现

相比德国和日本，美国和英国的企业更加支持新自由主义改革。像美国这样的自由市场经济中的企业更多是在成本而不是质量上展开竞争，所以它们更可能倡导市场改革和旨在降低成本的其他政策。由于较少依赖于其他企业或政府的协调，它们不太愿意倡导利于构建、维持或加强协调制度的政策（King and Wood，1999）。美国政治体制易于导致速度更快和范围更广的市场改革，因为企业可以利用政府管制体制和法律管制模式的碎片化大肆挑战市场管制、法庭判决和政治管控。行业协会无法与改革反对者达成令双方满意的妥协，就像日本和德国那样（Vogel，2001）。美国政治体制有助于增进竞争的改革，因为希冀挑战现状的企业有众多的诉讼渠道，一旦竞争被引入既定市场，反对者无法轻易扭转这一局势。

二、金 融 改 革

20 世纪 70 年代以来，美国市场治理改革在金融领域方面带来的变化是尤为巨大的。金融改革促成了更具竞争性和更少稳定性的金融部门的产生，促进了金融创新，推动了金融部门在国家收入贡献份额的可持续增长，加剧了经济的不平等，允许金融部门的大规模整合，促使向公司治理的股东价值模型的转变（下一节将会对此展开讨论）[①]。金融改革也为 20 世纪 80 年代的储贷危机和本章结尾讨论的全球金融危机埋下了隐患。

相比其他工业国家，尤其是日本，美国金融改革开始得较早，进行得也较为深入[②]。美国金融机构通过挑战现有市场管制体制以及游说政府对法律进行修订和实施管制改革的方式，推动金融改革。一些投资公司通过对某些上市证券公司提供佣金折扣，对 20 世纪 60 年代以固定经纪佣金为特点的纽约证券交易体系提出了挑战，某些机构投资者开始埋怨补助给个体投资者的佣金率是以牺牲机构利益为代价的。1975 年，美国证券交易委员会最终强制证券交易所实施佣金的自由化。

20 世纪 70 年代，通货膨胀率暴涨至超过储蓄利率上限的水平，这意味着储户将钱继续留在银行会导致实际资产的流失。对此，投资银行通过创设货币市场基金力图改变商业银行和投资银行分而治之的传统做法；而商业银行则创设了名为可转让支付命令账户的计息支票账户来应对这种局面。随着越来越多的储户将储蓄账户资金转移至货币市场基金，储贷机构受到了严重的打击。为此，通过出台《1980 年存款机构放松管制和货币控制法案》，国会逐步取消了存款利率的上限；不久，国会又制定了《1982 年加恩-圣杰曼存款机构法案》，试图提高储贷机构和其他银行的竞争水平。后者使银行资金使用自由化，帮助银行实现更高的投资回报；允许利率可调节的抵押贷款，适度降低风险水平；授权货币市场存款和“超级”可转让支付命令账户，帮助银行留住更多的存款客户。尽管如此，在未加强管制和监督的情况下允许储贷机构承担更大的风险，为 20 世纪 80 年代末金融领域出现的严重危机埋下了隐患。

与此同时，1978 年，通过将商业票据承销给自己的投资者客户，美国信孚银行挑战了《格拉斯-斯蒂格尔法案》的公认法则——银行不能承销或发行商业票据（短期无担保本票），这引发了对联邦储备委员会的抗议，联邦储备委员会驳回了这一抗议。1984 年，通过上诉，最高法院推翻了联邦储备委员会原先做出的驳回决定；接着该委员会对此进行了澄清；1987 年该委员会决定允许包括信孚银行在内的三家大型商业银行设立证券子公司。同时，1994 年，克林顿政府允许州际银行业务，这加速了金融部门的整合。随后，大型商业银行和投资银行都积极地游说国会废除《格拉斯-斯蒂格尔法案》，最终导致《金融服务现代化法案》（也称《格雷姆-里奇-比利雷法案》）在 1999 年的出台，其允许银行、证券公司和保险公司形成金融集团。

---

① 参见 Eichengreen（2015）的相关讨论；也可参见 Krippner（2011）对金融改革以及经济金融化的论述。

② 这一部分建立在 Vogel（1996，2006）的基础之上。

20世纪80年代和90年代的金融改革不仅为全球金融危机埋下了隐患，也加速了美国经济的金融化进程（Krippner，2011）。近几十年来金融部门在经济中占据的份额日益增长，但并没有给投资者带来更多的好处。尽管信息技术已经发展，但是金融成本（其与批发业的成本和零售业的成本是有鲜明区别的）依然高涨①。Philippon（2012）认为，导致高额金融成本的部分原因在于贸易活动的增长，而且贸易的增长并未带来更多的股价信息或者更完善的风险分担机制。因此，他估计金融部门所创造的国内生产总值的份额大约只比应有的水平高两个百分点。

三、公司治理改革

20世纪80年代以来，由于政府管制和商业实践的显著变化，美国已明显朝向公司治理的股东模型发展。80年代期间，里根政府缩减了反托拉斯的规定，从而促进了企业兼并和收购，降低了公司所得税，为兼并运动提供了更多的资本（Fligstein，2002）。经理人员在法院和各州议会与股东维权人士和公司收购者展开了一系列的斗争，以维护他们的自治权和公司控制权市场（the market for corporate control）。与此同时，联邦政府在保护经理人员权益和加强股东保护之间一直犹豫不决。国会在1995年和1998年进行了侵权改革以减少证券诉讼对经理人员造成的影响；而证券交易委员会则通过实施加强经理人员问责和提高财务透明的改革力图维护股东的利益。

美国政府也比其他工业化国家更早将退休金负担从雇主转移至雇员，由此扩大股权的持有。通过实施因企业出资而得到的税收减免，政府鼓励从养老金固定收益计划转变为固定缴款养老金计划——如个人退休账户和401（k）计划②。1974年，国会通过了《雇员退休收入保障法案》，引入个人退休账户，加强了公司从资金短缺的固定收益计划中支付员工退休金的责任，因而政府鼓励雇主转向固定缴款计划。1978年制定的修正法案创设了401（k）计划，允许养老基金和保险公司对证券市场的大部分投资组合进行投资，进而导致了一些实力雄厚的大型机构投资者的出现（Lazonick and O'Sullivan，2000）。

机构投资者利用他们的市场影响力，外加向新闻媒体的直接求助，赚取高额回报。他们意识到，尽管一些公司的股价很低但资产却十分有价值，因此他们试图买断这些公司，将之解散，然后将资产变卖。而想要保留控制权的公司经理则想方设法地抬高股价，包括回购股票、拆分部门、解雇员工等（Fligstein，2002）。

Fligstein（2002）强调对股东价值模型的认可推动了认知模式的转变，促使公司管理新理念的产生。许多著名经济学家以委托—代理理论（股东是委托者，而经理人员是代理者）为基础，认为经理人员的自由裁量权如此之多以至于他们偏离了服务股东的核心责任。他们认为，公司的唯一合法目的是使股东价值最大化，好的经理人员应该提升公

① Philippon（2015）通过金融中介收入占中介资本量的比重来测量金融中介的单位成本。

② 401（k）计划也称401（k）条款，401（k）计划始于20世纪70年代末，是一种由雇员、雇主共同缴费建立起来的完全基金式的养老保险制度。

司的股价，而不称职的经理人员应该被董事会开除。

股东价值模型的支持者相信，如果经理人员的报酬能够（如通过股票期权）与股票行情紧密地联系在一起，那么他们就会更坚定地代表股东利益（Jensen and Murphy，1990；Lazonick and O'Sullivan，2000）。政府管制和税收政策鼓励公司发行股票期权：公司不必从损益表中扣除股票期权的价值；经理人员无须将股票期权报告为收入，除非他们认购了这些股票期权。随着股票市场的繁荣（特别是20世纪90年代和21世纪的头10年），通过股票期权，经理人员获得的报酬也随之大幅提升[①]。

截至20世纪80年代，美国已经形成了公司控制权市场（Fligstein，2002）[②]。金融改革后投资银行在其传统业务领域内面临着更加激烈的竞争和更加微薄的利润，因此一直在寻求一些可以带来高额收益的活动，如兼并和收购。在这个过程中，它们发展出了转移公司控制权的新技术，如杠杆收购——投资者可以利用收购目标的资产作为债务抵押对目标公司进行收购。德崇证券公司和其他地方的投资银行发展出了垃圾债券市场，将其作为杠杆收购投资的一种方式，从而进一步扩大了接管市场（O'Sullivan，2000；Fligstein，2002）。

政策制定者虽然意识到了美国公司治理模式的结构性缺陷，但是在2000年股票市场崩盘、2001年安然公司破产以及其他公司的丑闻接连爆发等一系列事件之后，他们才被迫采取行动。为此，国会制定了《2002年萨班斯-奥克斯利法案》，这是自20世纪30年代以来最全面的公司治理改革。该法案促成了一个新的管制机构——上市公司会计监督委员会的成立，以实施更严格的会计标准，使董事会更加独立，以及增强他们的审计功能（Cioffi，2004）。尽管如此，改革倡导者仍然颇为不满，因为该法案并没有解决美国公司治理模式的一些关键缺陷，如经理人员对董事提名的强势控制。同时，公司经理也为遵守新制度而带来的巨额成本感到震惊[③]。

有效的公司治理能够提高效率、促进发展和推动创新（Belloc，2012）。近些年来美国的股东价值模型已经严重影响了企业的业绩，加速了经济的不平等。股票期权的补偿虽然已经提高了公司高管参与投机和操纵的积极性，但是却是以牺牲促进创新、提高就业和推动长期增长等方面的投资为代价的。公司高管通过夸大公司业绩进而购买期权来进行投机，并通过股票回购计划操纵股价[④]。从长期来看，这些管理实践已经损害了公司业绩，削弱了美国的整体经济[⑤]。有研究甚至发现股东模型削弱了产品的安全性：实施越

---

① 从1978年到2000年，首席执行官的薪酬增长了1 271%，在1995年到2000年间增长了200%多（Mishel and Davis，2015）。首席执行官因股票期权和长期激励计划股份而获得的报酬分别从20世纪80年代的7%和19%增长到了20世纪90年代的15%和32%，在2000~2005年又分别增长到了23%和37%（Frydman and Jenter，2010）。

② 根据2016年汤森路透的分析报告，从1978年到1990年，美国有541起恶意收购事件（其中，175件获得成功）；日本有2起（1起获得成功）。从1991年到2015年，美国有385起恶意收购事件（82起获得成功）；日本有20起（9起获得成功）。

③ 在金融危机小节中讨论的《多德-弗兰克华尔街改革与消费者保护法案》（以下简称《多德-弗兰克法案》）也是公司治理改革的一部分。

④ 自1982年以来，公司被允许在公开市场上回购实质上没有管控限制的股份。从2003年到2012年，被标准普尔指数公开收录的449家公司花费54%的公司收益来回购股份（Lazonick，2014）。

⑤ 参见Lazonick（2013）；摩根士丹利资本国际公司环境社会治理研究发现，2006年到2016年间美国首席执行官薪酬和公司业绩呈负相关关系（*Economist*，September 17，2016；Special Report，15-16）。

多股票期权计划的公司越容易发生严重的产品召回事件[①]。

金融管制和公司治理的改革也导致了日益增长的经济不平等，尤其是1%的富人以及0.1%的最富有的人的财富在急剧增加。金融高管的薪酬已经大幅增加，非金融公司的高管通过股票期权得来的财务收益也在与日俱增，从养老金固定收益计划到养老金固定缴款计划的转变已经繁荣了金融服务市场，使得市场风险从政府和雇主转移到了个人（Hacker，2006）。

四、劳动力市场改革

自20世纪50年代以来，尽管美国政府并没有对劳动法进行重大修订，但是劳动市场治理实践已经发生了重大变化，包括国会未能通过保存工会实力的政策；国家领导采取各种措施削弱工会力量；州政府通过了不利于工人的法案；雇主日渐采用削弱工会组织的做法（Wilensky，2012）。工人参与工会的比例在下降，政治权力受到削弱，公司解雇工人的意愿也与日俱增。Golden等（1999）发现，在抽样的包括日本在内的12个工业化国家中，只有英美两国在20世纪80年代和90年代经历了工会影响力的严重削弱。他们认为政府政策对这种削弱产生了重大影响。

里根政府通过对抗公共部门工会、促进公司重组和减少劳动保护来削弱工会的力量。通过减少税收、降低社会福利和对抗通货膨胀等措施，里根政府降低了劳工阶层的生活标准。1981年，通过解雇参与罢工的航空交通管制工会的工人，里根定下了削弱工会的基本格调。Western（1995）指出，这种做法有助于雇主将建立免受工会干预的环境作为其合法目标，并证实了雇佣替代工人使罢工停止的可行性。Western和Rosenfeld（2011）认为，工会衰落也侵蚀了道德经济的公平付酬原则，加剧了工人工资的不平等，使得经理人员和专业人员的薪酬更加高涨[②]。里根政府不仅任命了更多有意促进商界和谐发展的代表担任国家劳资关系委员会职务，也进行了一系列政策改革，使得公司更易摆脱工会掣肘，也使工会更难赢得选举（Cohen et al.，2000）。雇主在对抗工会组织方面变得更加好斗；积极推动反工会哲学和反工会战略的专业咨询公司也在与日俱增（Levitt and Conrow，1993；Logan，2002）。工会削弱策略日渐增加，国家劳动关系法的违规通报急剧增加，罢工率也在急剧减少（Hacker and Pierson，2010；Bronfenbrenner，2009）[③]。尽管民主党议员在众议院占绝对多数，但是由于参议院的阻挠，工会及其支持者在劳动改革方面的两次努力均告失败：1993年，他们未能通过将永久替换罢工工人判定为不合法的《职场公平法案》；2007年，他们在《雇员自由选择法案》的通过方面也功亏一篑，如果通过，这部法案将利于工会组织、集体谈判和对不公平劳动实践的严格管制（Dark，

① *New York Times*，2015年9月13日。

② 他们估计，工会衰落对1973年到2007年男性和1/5女性工资不平等的增长具有1/3的解释力。

③ Kagan（2001）指出，相比于每年在日本劳动委员会的500~1 000件不当劳动行为案件，每年在美国国家劳资关系委员会存档的案件有30 000~45 000件。

2008~2009）[①]。

向股东价值模型的转变影响了公司重组的方法，加速了公司对资产的变卖和对劳工规模的缩减（Useem，1996）。20 世纪 70 年代末，美国公司开始大规模裁员，进入 80 年代和 90 年代，裁员速度进一步加剧。美国公司大规模裁员始于经济下滑时期，但是这一做法一直持续至20世纪90年代经济转好之时（经济改观实际与大规模裁员密切相关）。Jackson（2005）的统计分析显示，1991 年到 2001 年的 10 年间，美国公司裁员率超过10%的可能性是日本公司的 3~4 倍，日本在经济萧条之时工作合约一直在增长，而美国即便在经济繁荣时期工作合约也一直在减少（Vogel，2006）[②]。

有关美国裁员方面的研究显示，裁员对由利润、生产率或股价反映的公司财务绩效并无积极影响；对组织绩效，尤其是雇员士气，造成了负面影响（Vogel，2006；Budros，1997，1999；McKinley et al.，2000）[③]。大规模裁员增加了失误、事故和破产；妨害了与供应商的关系；破坏了组织记忆；导致对更昂贵的经济赔偿、法律服务和/或外包服务的需求（Wilensky，2012）。Budros（1997，1999）辩称，美国裁员虽然在经济意义上是不理性的，但是在社会意义上却是理性的。经理人员裁员旨在追求非物质报酬，如良好的名声，而不是物质报酬，如更好的财务业绩。McKinley 等（2000）采用认知法，强调经理人员认为"裁员是有效的"论断是理所当然的。美国企业不是因为担忧被裁工人才对裁员心存顾虑，而是因为与之相联系的社会规范或有关裁员效能的先入之见才对裁员特别偏重。

工会权力的式微和股东价值模型的崛起，导致了工人收入的长期萎缩：工人收入占国民收入的比重已经从 1990 年的 62.6%降到了 2016 年的 57.2%[④]。工会对雇主影响力的减少在一定程度上是由工会日渐式微的政治权力导致的，而其影响力的削弱也导致对工人不利和对雇主有利的政策的出台（Hacker and Pierson，2010）。特朗普政府进一步减少了对工人的保护：废除奥巴马时代在劳工法方面的指导原则；建议削减对职场危险因素的研究；力图废除支持工会和非营利组织的项目。

五、反托拉斯改革

20 世纪五六十年代美国具有前瞻性的反托拉斯政策日益受到 20 世纪七八十年代芝加哥学派的挑战[⑤]。政策的这种转变促使许多部门的市场权力逐渐增加，直至 21 世纪的头十年。其中，信息技术行业的一些大型企业都是以"强大的网络效应"为特点的。里

---

① 尽管奥巴马在竞选总统期间曾允诺推动《雇员自由选择法案》，但是由于劳工的影响力日渐式微，这一提案也最终被搁置（Hacker and Pierson，2010）。

② 日本方面的数据可参见 Vogel（2006），而美国方面的数据可参见 Lazonick 和 O'Sullivan（2000）。

③ Baumol 等（2003）发现，裁员虽没有改进生产率，且降低了股价，但却（通过压低工资）提高了利润。

④ United States Department of Labor，Bureau of Labor Statistics. Labor Productivity and costs. 2017. http://www.bls.gov/lpc/#tables。

⑤ 芝加哥学派最早可追溯至 20 世纪五六十年代（Posner，1979）。

根执政期间反托拉斯局首脑 William Baxter，虽然分享了芝加哥学派的保守观点，但是更支持包含更多细节信息的特定案例分析。政府机构已经从竞争者数目界定的竞争转向对消费者福利（低价格、高产出和创新潜力）的经济分析（Hovenkamp，2005）。William Baxter 放弃了涉及 IBM 公司的最大反垄断案件，颁布了减少兼并范围的指导意见，他反对起诉制造商建立分销渠道的案件，认为这种分销协议大多数是为了降低成本，而不是减少竞争（Reback，2009）。反托拉斯部门的律师数目已经从 1981 年的 456 位下降至 1988 年的 229 位（Reback，2009）。法院对原告施加了更多的程序限制，反托拉斯案件数目大幅下降①。20 世纪 80 年代，兼并数量急剧增长，包括增强核心竞争力的战略收购，这与战后早期的多样化战略和旨在提高股东回报的恶意收购形成了鲜明对比（Fligstein，2002）。

首席大法官 William Rehnquist 在位期间（1986~2005 年），最高法院对反垄断案件的审查力度逐渐下降，致使联邦下级法院间的冲突不能及时解决，错误和过时的判决也未得到纠正（Hovenkamp，2005）。在此期间，政府逐渐偏向后芝加哥学派，虽然其依然保留了一些芝加哥学派学者对反托拉斯政策的怀疑，但是却认可在特定情况下反竞争实践确实会增加消费者福利的巨额成本。尽管如此，政府并没有退回到 20 世纪 60 年代激进推动竞争的立场。

在以强大的网络效应为特点的信息技术行业中，反托拉斯体制面临着特殊的挑战，这种挑战最突出表现在微软公司的案件中。微软公司与 IBM 公司签订合约，允许微软公司将磁盘操作系统授权给 IBM 的竞争对手，这打破了 IBM 公司对价值链的控制。进而，微软公司通过部署周详的战略巩固了自身的市场支配地位。例如，微软公司通过提升其在操作系统方面的支配地位以进入应用市场。竞争对手宣称，微软公司将新操作系统规范方面的一些专有信息透露给内部应用团队，以使他们在 Windows 应用的竞争方面获得先行优势。1990 年，美国联邦贸易委员会对微软公司发起了一项调查，委员会官员两次在是否对微软公司提起反垄断诉讼方面都陷入僵局，案件在 1993 年被转移至司法部门。1994 年，微软公司同意了一项核准令，即禁止微软公司一定的许可行为，如要求计算机制造商签订长期合同（Reback，2009）。微软公司在对抗网景公司（那时占市场主导地位的浏览器）方面同样部署了反竞争的战略。在 2001 年的和解协议中，微软公司同意给计算机制造商更多安装竞争对手浏览器的自由，并分享其应用接口信息，但承认没有增加其他软件特征到其操作系统中的义务，以及保留这种做法的权利（Reback，2009）。尽管如此，那时网景公司已经不能对微软公司构成竞争威胁了。

2011 年，美国联邦贸易委员会开始对另一家大公司——谷歌展开调查。批评者认为，谷歌搜索引擎公司通过对自己和商业合作伙伴在显示互联网搜索结果方面给予了特别优待②。尽管如此，美国联邦贸易委员会发现，谷歌的这种做法已使消费者受益，任何对竞争者的不利影响也只是偶尔为之。谷歌公司做出了一些让步，同意在专业化的搜索结果方面不再包含第三方的内容，并向竞争对手在智能手机、笔记本电脑和游戏控制器上授权

---

① Dau-Schmidt 等（2000）报告了 1975~1979 年 161 件司法部门的反托拉斯案件；1980~1984 年的 127 件反托拉斯案件；1985~1989 年的 80 件反托拉斯案件。

② 根据 IBISWorld 的调查，2016 年，谷歌公司占美国市场 75%的份额，占世界市场 71%的份额。

关键标准化技术的手机专利[1]。欧盟则采取了更加严厉的惩罚措施，2017 年 6 月，谷歌公司因在搜索结果方面更加偏袒自己的购物服务而被处以 27 亿美元的罚款。

一份经济顾问委员会的研究发现，1997 年到 2012 年间，许多核心产业的市场集中度日渐提高，其中，交通业、零售业、金融保险业、批发业、房地产、公用事业等的市场集中现象最为严重（Council of Economic Advisers Issue Brief，2016）[2]。Kwoka（2015）尝试对美国反托拉斯政策的其中一个要素——兼并决定的影响进行量化。他发现，大多数兼并对竞争性造成的伤害通常是较高的产品价格所导致的。并且在许多案例中所导致的竞争性损害十分严重：兼并后的价格涨幅超过 10%。伴随着价格效应，非价格效应也随之而来：导致更高产品价格的兼并也带来了产品数量、质量和研发的下降。他也发现，虽然政策力图对兼并问题进行解决，如资产剥离和实施补救，但是并没有阻止价格的增长。他认为，相比否决他们本应批准的兼并，反托拉斯机构更有可能批准本不应该批准的兼并。

六、规 制 改 革

20 世纪 70 年代中期，美国政府发起了全球性的“放松管制”运动，当时参议员爱德华·肯尼迪和其他人士在国会听证会上就已经开始预示这一运动的未来前景。放松管制为众多垄断和寡头部门引入了竞争，促使经济管制的范围和复杂性大幅提升，同时也引发了信息革命和全球性的金融危机。本节讨论的三个案例——电力市场的创建、电信改革和网络中立讨论充分表明了本章的核心观点，即提升竞争需要前瞻、积极和广泛的政府行动。

美国两党在规制改革运动方面达成了难得的统一联盟，此外，包括学术界、政府官员、企业界和消费者群体在内的广大团体均支持这一运动。经济学家挑战政府管制的公共利益理性，认为政策制定者不应该将市场失灵看作政府干预行为合理化的理由，而应该认真权衡管制的成本和收益。他们控诉在许多部门中的技术革命和市场动力学已经逐渐削弱了管制的最初理由。

虽然政府规制改革始于航空部门，但很快便转移到了其他领域，包括货车运输和电力行业。在航空部门中，20 世纪 70 年代中期民用航空委员会开始准许大幅打折和降低准入门槛。1978 年国会通过了《航空业解除规制法案》，随着航空部门价格和准入管制的放松，从而产生了在字面意义上最近于“放松管制”的事物，并最终导致了 1984 年民用航空局的撤销。政府继续通过协调机场规模投资和控制空中交通对交通拥堵进行管制（Eisner，2010）。尽管航空业的改革伴随着价格的削减，但是却很难弄清改革对价格产生的影响，因为价格在改革之前就已经下降了。在一些小型航空公司，规制改

---

① *New York Times*，2013 年 1 月 4 日：A1 版面。

② 集中程度的评价建立在每个行业前 10 位的大公司的收入分成基础之上。这一研究也注意到了竞争性降低的其他一些趋势：一些公司租金的日益增加；更低水平的公司准入门槛；劳动流动性的减少。

革甚至降低了服务质量，减少了服务内容（Kahn，2002）。而且，从20世纪80年代激烈的市场竞争到21世纪头10年的寡头市场，随着行业结构的转变，竞争带来的好处也越来越少。1978年到1990年间，有58家新成立的航空公司进入航空领域，而到了2005年，这些公司只剩下了一家。航空运营商重组为中心辐射模型，在许多大型机场，主要运营商控制着超过一半的航空运载量。截至2014年，航空领域主要由四家航空公司主导①。

在电力方面，随着20世纪70年代能源危机的到来，官方开始探索市场改革的多种路径。1978年，政府向一些独立供应商开放了发电市场，但是在电力传输网络的准入方面依然保留了一些限制。联邦能源管制委员会尝试通过各种管制手段放松市场准入。例如，如果合并后的公用电力公司开放其电力传输网络，那么委员会将准许一定程度的合并。在美国《1992年能源政策法案》下，政府创建了一批免除某些管制的新型批发发电公司，并促进传输网络的可接入性。

在加利福尼亚州，市场设计的疏漏导致了2000~2001年的重大危机：大规模的限电和停电、纳税人的巨额损失，以及大型公用事业公司的破产。激进的改革人士指责市场改革是导致危机的罪魁祸首，而市场自由主义者则批评市场改革的力度还不够深入，问题的核心依然是市场设计。加利福尼亚州管制改革限制了向消费者收取的电力零售价格，但却未限制零售商向发电商支付的批发价格，这使得电力公司易于受到批发价格上涨的伤害。电力市场尤其易于被操纵，因为美国的电力市场被划分为各个区域市场，缺乏有效的管制电力拥堵的程序。这些特征加上电力供应短缺，最终导致了危机的全面爆发。加利福尼亚州的案例是尤其令人气愤的，因为在供应短缺的情况下安然公司和其他公司强烈要求有利于它们的市场设计，然后在市场改革之后再毫不羞耻地对市场进行操纵（O'Neill and Helman，2007）②。

美国其他区域电力市场发展了更多成功的电力市场设计。联邦能源管制委员会引入了“电力容量”市场，允许公用电力公司对电力容量储备进行经济支付，以应对电力供应的变化，但是这些市场要求更大力度的行政监管，而且由于容量市场所包含的巨大风险，它们在政治上也极具争议（O'Neill，2014）③。

在电信行业，私营企业对AT&T的垄断表达了不满，这导致联邦通信委员会对管制体制进行了更广泛的重新审视（Vogel，1996）。司法部对AT&T进行了反垄断诉讼，并于1981年进行了开庭审理。国防部指控将AT&T进行解体的提议将会对国家安全造成威胁，因为届时电信网络将会被分解为几个部分。商务部认为削弱AT&T的研发能力将会损害美国的技术领导地位，许多政治领袖也联合起来对AT&T进行辩护。尽管如此，William Baxter宣布了一条同意令：AT&T将会甩掉地方电话公司以换取对计算机行业的市场准入。尽管当时很难评估这一判断的经济收益，但是这为电信市场的活跃和随后的

---

① 根据IBISWorld 2017年对美国航空公司市场份额的调查，美国航空的市场份额为23.1%，达美航空为21.2%，联合航空为16.6%，西南航空为14.6%。

② Weare（2003）对危机成本进行了保守估计，共计400亿~500亿美元，包括高昂的能源价格、停电成本和经济增长的放缓，他强调危机也严重破坏了电力部门的管制制度和市场制度。

③ 对联邦能源管制委员会官员的采访，2015年4月。

信息革命奠定了基础[①]。

《1996年电信法》允许地方贝尔运营公司、长途电话运营商和有线电视公司进入彼此的业务领域。法案的支持者认为它将提升不同传输模式间的竞争（如电话公司和电缆公司之间的竞争），并强化行业内竞争的稳定性。尽管如此，在实践中，电缆公司和电话公司均巩固了它们在各自领域的主导地位，两家公司（占主导地位的电缆公司和占主导地位的电话公司）一起控制着大多数地方市场的宽带上网服务。相比大多数发达国家，美国受到了更高价格和更低服务的伤害（New America Foundation，2015）。

与此同时，政府部门面临着是否保持开放的互联网规则的问题，也称为网络中立，即禁止互联网服务供应商给予某些用户更高级别的准入待遇，或者给他们使用公司自身内容的特权。网络中立问题很好地表明了开放是强制制定规则的产物，而不是缺乏管制而导致的结果。网络中立原则包括：①限制互联网服务供应商对互联网的内容流动扮演守门人的角色；②通过确保新的进入者不被劣质服务和高额价格所限，网络中立原则利于提高互联网服务之间的竞争。正如 Ammori（2014）指出的，反对网络中立原则可能被视为与企业家精神、市场竞争和言论自由等市场自由价值相背离，而且，在美国促使更大开放性和更充分竞争的最直接路径是将互联网划入公用事业从而对其进行更为严格的管制。美国网络中立原则的确立过程也表明了在关键管制问题上的政治分歧是如何在类似“政府 VS 市场”这样的二分原则上产生影响的，并使共和党和民主党一直纠缠在充满冲突的网络中。

2002年，联邦通信委员会的 Michael Powell 将互联网通信划归为“信息服务”而不是“公共传输”（如在《联邦通信法案》第二篇所规定的电话服务），从而限制联邦通信委员会对互联网进行管制的权力。Michael Powell 认为互联网不同于传统的电信基础设施，竞争利于保护消费者免受网络接入服务商的不公正对待（Crawford，2013）。2010年，联邦通信委员会发布了网络中立原则，禁止互联网服务供应商在自身提供的（免费）内容或付费内容方面给予相关客户以特别优待。这遭到了供应商对网络中立原则的强烈反对，他们试图捍卫自己在不同用户间区分价格和服务的权利，并游说两党议员以获取支持。威瑞森通信公司在法庭上对联邦通信委员会确立的网络中立原则提出了控诉，并在2014年1月的联邦上诉法院裁决中大获全胜。这使得联邦通信委员会或者修正网络中立原则以适应法庭裁决，或者将互联网服务重新划归为公用事业。2014年4月，联邦通信委员会提出了一项修正网络中立原则的建议，以允许宽带运营商对想要获得更快服务的内容供应商收取费用。包括网飞公司和推特公司在内的大型公司、各种技术公司和公共利益集团很快便进行了抗议。尽管共和党倾向于偏袒互联网服务供应商，民主党则更支持网络中立原则，但是两党阵营内部均出现了分裂。2010年5月，国会74名民主党议员联名致信给联邦通信委员会反对网络中立原则，一些知名共和党议员也公开表示支持。支持网络中立原则的游说人士将功劳归于 John Oliver 在2014年6月的喜剧秀，其对联邦通信委员会主席 Wheeler 和互联网服务供应商进行了讽刺，由此引发了对该问题

① 参见 Yoo（2008）对 AT&T 解体福利效应的相关讨论。

的全国性关注①。据报道，联邦通信委员会因此收到了支持网络中立原则的400万条评论，时任总统巴拉克•奥巴马也宣称支持2014年11月对通信服务的重新分类。2015年2月，联邦通信委员会成员按照党派立场以3∶2的投票比例通过了通信服务的重新分类，接着在3月公布了313页的政策文本，对网络中立原则进行了说明和解释。网络中立原则禁止限制网络内容、降低传输速度以及在互联网上创建快速通道②。

2016年，联邦通信委员会提议通过强制有线电视公司和卫星电视公司在替代设备上提供节目，以减少这些公司对消费者租用机顶盒的控制，这使得消费者可以在同一平台上获得多个公司的流媒体内容和付费内容。因此，在网络中立的案例中，一个开放的平台和日益增长的竞争是政府强制实施规则的产物。尽管如此，随着特朗普在总统竞选中的胜利，即将就任的联邦通信委员会主席 Ajit Pai 放弃了开放电缆盒市场的计划，并着手降低网络中立原则③。

美国“放松管制”已经使管制的水平和复杂性大幅提升，尤其是在电力部门和电信部门中。Freyer（2010）指出，美国管制改革的隐性特征使管控得到了进一步扩展。随着政府命令和压制管控的减少，私人反托拉斯诉讼日益增长。这不仅意味着替代效应的产生，即私人诉讼取代了政府管制，而且诉讼规模也暗示着许多私营企业发现挑战竞争性规则是值得的④。与此相反，日本有时则是通过私人部门间的协调甚至是相互勾结，来取代政府价格管制和准入管制⑤。

七、知识产权

1980年以来，随着政府对产权保护扩展至新的领域，如大学机构和诸与软件和商业方法的新产品，美国知识产权体制已经发生了根本性的变化。这虽然利于专利次级市场的繁荣，但是也产生了一些问题（包括在这一节即将讨论的专利“丛林”和专利“蟑螂”现象），这些问题影响了专利保护的核心目标——促进创新的实现。Coriat 和 Weinstein（2012）认为，美国政策的诸多变革共同促进了“知识的商品化”：产权市场和持有知识产权的公司数量的增长，这些公司不是从商品和服务的销售中赚取收益，而是从知识产权的买卖中获得利润。这导致美国知识产权体制和金融市场的相互融合，因为知识商品化为金融机构提供了进行高风险投资和参与扩展知识产权市场的机会。

1980年《贝赫-多尔法案》准许为公共部门资金支持的研发成果授予专利，并允许大学机构和国家实验室将独占性许可出售给私营企业，或与这些企业进行合资以开发它们自己的知识产权。许多大学很快动员技术转移机构将专利出售给第三方机构（Coriat

① 源自对卷入网络中立讨论的公共利益团体代表的采访，华盛顿哥伦比亚特区，2015年4月。

② *New York Times*，2015年2月27日：B1版面；2015年3月13日：B1版面。

③ *New York Times*，2017年2月6日：A14版面。

④ 从1945年到1988年，美国共有31 745起私人反托拉斯诉讼；而日本同一时期仅有15起（Schaede，2000）。

⑤ Vietor（1994）认为，美国在任政府官员对“放松管制”的回应不是通过直接勾结，而是通过制定阻碍新进入者的市场战略，包括市场细分和对分销渠道的操纵来实现的。

and Weinstein，2012）。20世纪80年代，美国专利局开始为计算机软件颁发专利证书，这在过去被认为是不可能的，因为数学算法不能算作人类发明。1982年国会为专利案件建立了美国联邦巡回上诉法院，1998年该法院规定商业方法也可以授予专利，紧接着专利局就被计算机软件和商业方法的大量申请所淹没。

这一时期，专利系统的成本在上升，而鼓励创新的收益却在不断下滑（Reback，2009；Coriat and Weinstein，2012）①。随着专利的增长，“专利丛林”现象开始出现：为了使新技术商业化，企业必须突破专利网络的重围（Shapiro，2000）。企业基于战略目的（包括赚取诉讼收益、对诉讼威胁进行抗辩和专利交易）储备了大量的专利。非执业实体即那些自身没有发明却进行专利交易的公司，通常被称为“专利蟑螂”，购买大量的专利（多为软件），寻找可能的侵权行为，要求财务赔偿或寻求诉讼裁决②。在这一过程中，它们阻碍了新产品的开发，提高了企业和消费者的成本，堵塞了司法系统（Rader et al.，2013）③。日本和欧洲还未经历“专利蟑螂”现象，部分原因在于在软件和商业方法的专利授予方面，这些国家有更多的限制性要求。

美国政府虽然引入了改革，但是没有从根本上解决这些问题。2011年，国会通过了《2011年美国发明法案》，促使美国从发明优先转向了申请优先，这在大多数国家已经成为普遍做法；拓宽了“现有技术”的定义，这意味着实践知识要优于发明创造；在专利局内部成立了管理委员会，在争议诉诸法院之前，该机构有权判定专利无效（Forbes，2013年3月15日）。2013年，奥巴马总统命令专利局要求企业对其专利包含的内容进行更为详细的说明，对过于宽泛的专利申请进行严格审查，控制针对消费者或小企业的专利侵权诉讼——这些消费者或企业只是简单地使用了现有的技术④。2010年到2015年间，最高法院也做出了一些裁决，有意限制对专利诉讼的滥用：限制对抽象理念、自然现象和自然规律申请专利；明确被告追讨律师费用的标准；提高原告诉讼必须获得事实支持的认定标准（Council of Economic Advisers Issue Brief，2016）。

信息革命也从根本上改变了版权政策，加剧了版权持有者和用户之间的矛盾冲突。在《1976年版权法》中，美国国会在版权保护中特别排除了对观念、过程、程序、系统和操作方法的保护。同时，国会的一个特别委员会着手处理计算机程序是否应该受到保护的问题。委员会建议对计算机程序的文本内容进行版权保护，而不是对内嵌在程序中的过程进行保护，这一观点被1980年通过的《1976年版权修正法案》所吸纳（Reback，2009）。软件对版权法提出了不同的挑战，因为软件程序易于将行业标准（如菜单命令）和专属内容相互结合，这使得法院必须非常仔细地决定什么构成了对行业标准的合理利用（Reback，2009）。一些软件开发者认为软件应该是非专属的，并努力发起声势浩大的开源运动（Weber，2005）。从政治角度而言，版权讨论造成了版权持有者（包括强大的电影和唱片行业）和用户（包括高科技公司和一般大众）之间的对立。尽管如此，这一过程是非常复杂的，因为随着时间的流逝，分裂双方的企业集团和一些技术公司的立场

① 也可参见经济顾问委员会（Council of Ecomomic Advisers Issue Brief，2016）对相关文献和数据的简要评论。

② 美国非执业实体专利诉讼案件的比例从2006年的20%增长到了2013年的67%（Morton and Shapiro，2013）。

③ Morton 和 Shapiro（2013）认为“专利蟑螂”阻碍了创新，损害了消费者的利益。

④ *New York Times*，2013年6月5日：B1版面。

发生了转变。共和党和民主党虽然被分成了两个阵营，但是双方都曾主张更严格或更宽松的管控。

根据1988年《桑尼·波诺版权期限延长法案》，美国将版权保护年限从作者死后的50年延长至70年。该法案甚至规定延长期限可以追溯至过去的案件。支持者认为，寿命长久的艺术家在其一生中应该从他们著作的销售中获取收益，更长时间的保护利于激励版权持有者修复、更新和改进已有作品；反对者则指控，版权期限延长不过是公司福利，对公共领域的文化会产生破坏性影响。版权期限延长违背了版权保护的核心理念，因为作者不可能因为多出的20年而受到激励，而延长期限的追溯也一定不会使相关方获得激励[①]。

过去，作品创作成本是盗版的一个主要障碍，但是数字技术使得复制更为容易，且成本更为低廉，尤其是在复制计算机文件方面，其成本几乎为零。这导致了寻求最大版权保护的内容供应商与想要在内容复制和内容分享方面拥有更多自由的内容用户和互联网公司之间的政治冲突。传媒行业为版权保护的更高罚款和版权保护的更长期限进行游说。《1998年数字千年版权法案》赋予版权持有者对潜在侵权的新的补救措施。例如，发布“下架”通知的权利——命令侵权者从互联网上移除相关内容，而无须诉诸既费钱又费时的法律诉讼。法案也允许对每一侵权行为，包括规避技术版权保护（如加密技术），判处高达15万美元的法定赔偿金。法案规定破坏拷贝保护算法或其他受保护产品的电子锁，甚至设计软件工具以规避保护均属于违法行为（Weber，2006）。然而，批评人士则认为该法案过于极端，因为它将允许内容供应商通过加密技术，而不是依赖于法律标准（如公平使用原则）来限制传播（Kemp，2006）。

美国唱片业协会积极发布下架通知以对付像纳普斯特（Napster）这样的点对点文件共享服务（该公司允许数字内容的广泛传播），并对个人提起诉讼以获得侵害赔偿和阻止产品复制。尽管如此，由于公众的强烈抵制，美国唱片业协会很快改变了对文件共享进行大规模起诉的做法，转而将目标转向文件共享软件的供应商，如LimeWire和MegaUpload。美国唱片业协会与像声破天（Spotify）这样的流媒体服务公司达成了版权赔偿的协议，同时在法庭上也对像潘多拉这样的流媒体服务公司发起了挑战。2014年，美国唱片业协会对许可程序提出了根本性的改革措施以使其更适合流媒体时代的要求：通过将众多作品都涵盖在一揽子许可的范围之内，以简化许可程序；覆盖将音乐推向市场的所有必要权利；确保价值链的所有主体都能获得与其贡献相匹配的公平的市场价值。

接下来的内容将转向两个案例研究，这两个案例揭示了美国市场的不同制度是如何对美国当代的两个重要事件即信息革命和全球金融危机产生影响的。其中一个案例揭示了美国制度对财富增长的影响力；另一个案例则揭示了这些制度在抵御市场风险方面的脆弱性。

---

① Hovenkamp（2005）认为版权政策尤其易于受到政治俘获（political capture）的伤害。

八、信息革命中的市场塑造

信息革命导致了两个悖论：①尽管信息革命是全球现象，但是美国的信息革命却独具特色；②信息革命虽然能够促使市场更趋完美，但是这些“完美”市场需要更多而不是更少的管控。这充分说明了本章的核心观点：美国市场受着严格的政府管控，而且管控的方式自成一派。尽管如此，这也表明了市场管控对公共福利产生的影响，有关这一主题我们将在本书最后一章进行讨论。在这一部分，让我们试着逐个揭开这两个悖论的面纱。

信息革命的特点是数据处理和数据传播能力的急剧扩张，这改变了产品、生产过程和市场（Newman and Zysman，2006）。美国军队、大学和企业的研发系统促使以半导体技术为支撑的计算能力和在数据传输、网络互联和应用软件领域关键技术的升级呈现指数式增长[①]。英特尔（Intel）创始人之一的戈登·摩尔在 20 世纪 60 年代曾预测，每隔 18 个月单块硅芯片所集成的晶体管的数目将会翻一番，计算机性能也将提升一倍——自那时起他的“摩尔定律”就基本确立了（Newman and Zysman，2006）[②]。这推动了数字革命：信息成为可以用二进制数字表示并几乎不用成本地进行传播的商品。

美国政府政策和市场制度以一种不同的方式对信息革命产生影响。政府在信息革命中的角色和在下文即将讨论的金融危机中的角色是截然不同的：在信息革命中，政府展现了管控能力、长远眼光以及与利益集团压力的相对隔绝。反托拉斯政策通过阻止像 IBM 和 AT&T 这样垂直整合的公司对电子行业进行支配，对信息革命施加影响。政府反托拉斯机构强制 IBM 公开技术信息，因此独立的维修公司可以为 IBM 机器提供维护服务，其他制造商利用这些公开的技术说明生产可以运行软件的计算机以及与 IBM 机器相配套的设备。IBM 通过将软件销售和硬件销售分开，开放其独立的软件部门，以减少反托拉斯诉讼对公司的不利影响（Reback，2009）。政府虽然允许 IBM 和 AT&T 制造半导体为自己的计算机和通信系统所用，但是不允许将之销往市场。因为他们害怕 IBM 和 AT&T 通过对其自身的半导体业务进行交叉补贴，将半导体开发的一些成本转嫁至计算机的销售价格，从而削弱市场竞争。结果是，美国的半导体行业由 AMD 和英特尔这样的专业公司分庭而治，而并不像日本电气股份有限公司和日立公司那样进行垂直整合。分析人士认为，在 20 世纪 80 年代的美日半导体战争中，这导致了美国公司的劣势地位（Borrus，1988）。然而，美国的反托拉斯政策也为在“温特尔”（Wintelist）范式——微软窗口+英特尔下的价值链的消解奠定了基础，因为微软这样的软件公司和英特尔这样的零部件制造商会逐渐在它们自身与价值链的联系中拥有更多的控制。它们不再是简单的电脑组装公司的部件供应商，而是在推动市场发展、设定技术标准和设计技术接口方面发挥重要作用（Borrus and Zysman，1997）。相比日本和欧洲国家，通过限制像 IBM 和 AT&T 这样的系统集成商，美国政府为新兴的 IT 行业的新进入者留下了更多发展的空间。

---

① Mazzucato（2014）强调美国政府为促使信息革命的研究提供了大量的资金资助。

② 21 世纪的前 10 年，“摩尔定律”已开始出现降速迹象（*Economist*，2016 年 3 月 12 日，Technology Quarterly）。

向“温特尔”范式的转变也促使全球供应链生产模式更为广泛地消解。技术接口变得越来越开放和统一，使得整合生产模式——组装公司控制生产过程，转变为模块生产模式——一个国家的制造商可以生产一个标准的子系统，如硬盘驱动器，将之组装在世界任何地方的最终产品中（Zysman，2006）。组装公司可以将生产外包，将精力更多地聚焦在研究、设计和市场营销方面。同时，上游供应商可以获得更多的产值。

AT&T 的解体和随后的管制也加强了电信业的竞争（Vogel，1996）。这导致 AT&T 的整个电信业务被划分成了几个不同的市场分支：终端设备服务、长途服务、地方服务和增值服务。尽管小贝尔公司（Baby Bells）在地方服务方面仍然处于垄断地位，但是在其他业务方面 AT&T 的子公司都面临着竞争。这促使它们设计应用信息技术的新方法以提高服务效率和提供创新性服务。至此，它们成为一批使用信息技术的公司用户，推动着以用户为导向的服务创新。此外，管制改革带来了更低廉的通信成本，包括固定费率的地方服务，这使新创公司能够提供增值服务，使家庭用户以合理的成本尝试新的应用。管制改革在金融部门中也建立了更具竞争性的环境，促使金融服务公司大规模使用信息技术以获取竞争优势（Cohen et al.，2000）。

某种意义上之所以说美国政府“创建”了互联网，是因为美国国防部高级研究计划局对奠定互联网基础框架的阿帕网的发展提供了资金支持。阿帕网通过通信包交换、信息分解，然后在到达目的地前重新组装的方式传输数据（Newman and Zysman，2006；Mazzucato，2014）。它连接了各种各样的军事研究机构和大学实验室，促成电子通信（如电子邮件）和研究数据的共享。1985 年，美国国防部高级研究计划局将阿帕网连接至国家科学基金委员会，并下令国家科学基金委员会的相关网站都将使用 TCP/IP（transmission control protocol/internet protocol，传输控制协议/网际协议），使之成为数据传送的主要协议。1991 年，政府放松了对商业网络的限制，首个私营的商业互联网服务也在 1992 年应运而生。1991 年，位于瑞士的欧洲核子研究组织的一个研究者开发了支持万维网的软件和应用说明。1993 年，伊利诺伊大学的研究者创建了微软 Windows 平台的马赛克（Mosaic）网络浏览器（Kenney，2003）。这显示出不同网络相互连接的好处，促使任一个人电脑都可以通过浏览器窗口访问全球数据，从而推动了互联网的繁荣（Cohen et al.，2000）。随着浏览器应用的扩展以及复杂程度的日益提高，公众对宽带基础设施的要求也日渐提高。各国政府通过不同的方式支持这一新动向的发展。美国政府依赖电缆公司和电话公司共同构建网络，这导致了较少的全面覆盖和更多样的网络形式，而日本政府在这一方面的投资则更为直接（Newman and Zysman，2006）。

美国市场制度，尤其是硅谷模式，促进了新型创新性公司的发展，这些公司在互联网的商业化方面，包括设备、计算、传输和服务的创新方面，发挥着至关重要的作用。美国政府为开发大量相关技术的研究提供了资金支持，并为许多成功的高科技公司提供了早期阶段的资本（Mazzucato，2014）。美国研发型大学在这些新创公司的发展方面扮演着孵化器和合作伙伴的角色。移民为专业技术，以及与其他国家（尤其是印度和大中华区）的研发合作，提供了重要来源。富有流动性的劳动力市场利于人才的供给，使企业家更愿意承担风险，因为他们知道即便某一项投资失败，他们也可以发现新的投资机会。硅谷区域为主要的研究型大学、广泛的人力资源网络、强大的支持服务部门（如专业的法律公司、会计公司和人力资源公司）和富有活力的风险投资业提供了相互联系的场所（Saxenian，1994）。风险投资公司使新创公司增长得更为迅速，因为新创公司不必保留日渐累积的留存收益，也无须依赖银行贷款。风险投资公司也与新创公司密切合作，为其提供管理建议和商业合同（Kenney，2003）。金融市场为新创公司的上市或收购提供了渠道。政府政策有助于提高经理人员潜在报酬，同时限制即时费用的股票期权的发行。下一章将讨论日本政府在过去的数十年间是如何努力效仿硅谷模式的，只不过这一尝试却收效甚微。

美国发动的信息革命表现出一些不同的特征：等级价值链的解体；上游行业（零部件制造公司和软件公司）创造更多价值，并处于技术领先地位；新创公司在数据通信、软件和电子商务方面的不断创新；大型企业用户的新 IT 战略；由消费者参与的大规模试验。尽管美国的创新模式主要呈现自下而上的特点——从用户到生产商，从零部件制造商到组装公司，但是美国政府强化了支持创新的制度环境。美国公司不仅在信息行业方面获得了先发优势，而且因自身商业模式与美国制度孕育的新生产范式的紧密融合而大受裨益。美国公司在操作系统、商务软件和搜索引擎方面均占据了主导地位[①]。

接下来，让我们转向第二个悖论：互联网市场是如何受着更多而不是更少的政府管控的？从某种角度上来讲，互联网似乎提供了近乎完美的市场环境，交易成本急速下降至零（Friedman，1999）。消费者能够在易贝（eBay）上定位商品，并实现无缝交易；企业可以通过像完美商务（Perfect Commerce）这样的虚拟市场寻找产品和服务。尽管如此，这些市场是在一系列正式或非正式的严密规定下运行的，而且必须接受界定和执行产权的更广泛的法律体系的管制。

如果仔细考虑这一章和上一章讨论的关键问题——反托拉斯、电信管制和知识产权，我们就可以深刻地理解第一章提出的命题：信息革命要求更多而不是更少的政府管控。信息革命之所以对反托拉斯政策提出了挑战，是因为它使得主导企业锁定相对于其他挑战者的优势变得更为容易。想要维持竞争的反托拉斯机构必须在对抗垄断方面变得更为激进，不管是在调查企业实践方面，还是在需要时采取快速行动方面。在对兼并计划做出判断时，它们也必须评估信息经济下市场竞争的不同特性。同样地，电子市场也是由网络配置软件的体系结构界定的。正如 Roth（2015）所说的，“互联网市场有着非常缜密的制度，因为当一个市场是在网上的时候，在软件方面的规定就必须变得正规化”。谁控制了网络，谁就能决定参与主体和设定市场规则。它们可以选择开放或限制访问、提供统一或差异化的访问，以及组织竞标或购买过程（Bar，2001）。这使得政府可以决定是否允许私营企业在它们愿意的时候设定具体规则，或者施加限制以提高竞争。另外，由于信息是非排他的，信息经济的核心商品是规则制品：知识产权。在数字技术下，内容再生产和再分配的成本几乎为零，这使得版权规则对赚取报酬的内容生产商来说是十分必要的（Newman and Zysman，2006）。随着美国专利扩展为商业运营模式，以数字形式展现购买过程——如易贝拍卖协议或亚马逊收款战略，共享知识转变为法律管制下的

① 根据统计网站 Statista 的分析，在计算机操作系统方面美国公司占据全球市场 98%的份额（2017 年）；在商业智能软件和分析工具软件方面，美国公司占据 86%的份额（2015 年）；在桌面搜索引擎方面，美国公司占据 98%的份额。

商品（Newman and Zysman，2006）。政府机构必须持续努力维持内容生产商和用户之间的平衡，以提高市场竞争、提高创新和保护个人隐私。

九、全球金融危机下的市场塑造

2008年，雷曼兄弟的破产导致美国股市暴跌，并迅速上升为全球性的危机。是什么导致了这场危机？美国独特的政治经济是如何影响这场危机的？学者和实践者已经列出了一长串导致这场危机的因素，并对这些因素导致这种特定发展的内在机制进行了分析（Stiglitz，2010；Johnson and Kwak，2010；Wallison，2011；Eichengreen，2015）。我们可以首先从导致金融危机的微观制度因素中分离出导致美国房地产市场泡沫的宏观经济因素。不是只有美国金融体系是脆弱的，许多有着与美国不同的金融体系的国家都经历了金融危机（Reinhart and Rogoff，2009）。日本有着与美国本质上不同的制度体系，在20世纪90年代遭受了尤为严重的经济衰退。然而，我在这里讨论的是美国资本主义制度对房地产泡沫规模和经济危机爆发的影响，以及危机对普通房主的影响。

低息贷款必然会引发房地产泡沫[①]。美国联邦储蓄银行的捍卫者，包括美国联邦储备委员会（以下简称美联储）主席 Alan Greenspan，都认为银行的主要使命是对抗物价通货膨胀，而不是资产通货膨胀；尤为困难的是从资产潜在价值的合理增值中区分出资产泡沫，并且通过提高利率来消除泡沫也是相当困难的，任何修补泡沫的举动在政治上都是不受欢迎的（Greenspan，2007）。美联储的使命是监管美国经济甚至（更广泛地来说）全球经济的总体健康状况，其本身也有责任监管资产泡沫。除利率外，美联储也有其他工具，包括限制银行暴露于有风险的抵押贷款或者提高资本要求。当时的证据表明美国房地产和股票市场已发生严重通货膨胀，一些专家也对即将出现的金融危机发出了警告（Rajan，2005；Baker，2004；Shiller，2007；Roubini，2008）。

资本流动的全球失衡也引发了房地产泡沫的增长。中国、其他亚洲国家以及中东国家的高储蓄导致其需要在全球寻求良好投资机会的大量资产，但是由于许多市场出现资金过剩，这些资产并没有发现足够的投资机会。全球储蓄流入美国，瞄准房地产市场进行投资。这导致了全球利率的降低，迫使投资者寻求更高风险的资产和更大的资金杠杆，以最大化自身收益。

导致金融危机发生的一些特定发展——这些发展形塑了美国资本主义的制度环境——包括金融改革；金融衍生品管制的失败；管制机构的疏于监管；对私人部门自我监管的依赖；抵押担保证券市场的发展——这破坏了借贷双方的直接联系，使得贷款机构发放更高风险的抵押贷款，也使金融人士能够利用这些抵押进行投机；私人监管主体（信贷机构、会计人员、财务分析师）的失败；投资银行、贷款方和借款方不负责任的行为。

一些分析人士批评引发房地产泡沫的、提升个人拥有自有住房的政策，尤其是鼓励向低收入者发放贷款的措施。他们指控房利美和房地美破坏了抵押市场，因为这些公司

① 这类似于20世纪80年代日本银行和日本房地产泡沫的讨论（Grimes，2002；Vogel，2006）。

利用政府隐性担保，人为地提升了抵押和住房的需求（Wallison，2011）。不过，房利美和房地美大多提供的是优质抵押贷款，不是促使危机发生的次级抵押贷款。《社区再投资法案》将贷款对象瞄向了实际违约率低于平均水平的低收入借款群体（Stiglitz，2015）。在房地产市场繁荣的后期阶段，不是房利美和房地美，而是其他金融机构促进了抵押市场尤其是次级抵押贷款市场的发展（Eichengreen，2015）。

如前文详述，在提升金融服务的竞争方面，美国政府在主要发达国家间走得最快，也走得最远。美国政府在新金融工具的许可方面相对宽松。与信息革命的案例相比较，金融管制显示了大量规制俘获的明显信号。金融部门享有金融资源、组织权力，以及有助于形塑良好监管体制的、与政府密切连接的网络。政府人员和金融精英相互渗透，华尔街高管在财政部和金融监管部门发挥着非常重要的作用。此外，政治领导需要经济强劲发展的支撑，金融部门在提供贷款和刺激股市方面扮演着重要角色。因此，任何行政机构在采取削弱金融部门这些角色能力的措施前都需慎之又慎①。美国大型投资银行游说政府，希望通过破除银行业和证券业之间的障碍或者允许金融衍生产品交易，以最大化其创新的自由。与此相反，日本金融机构更倾向于游说政府保留管制，如固定经纪佣金和存款利率，以缓和竞争和稳定收益。

美国金融监管体制的碎片化不仅要求高水平的机构间协调，而且使得金融体制易于受到监管失效的影响，如监管空隙间的权力滥用。这赋予了金融机构参与监管套利的能力：利用不同市场或地区管制间的差异以提高收益②。由于监管机构的碎片化加上更尊重法律的监管风格，美国金融监管模式更多是事后监管而不是事前监督，也就是说，金融机构首先挑战规定的界限，然后监管机构再判断这些机构是否违反了相关规定（Litt et al.，1990）。在日本，如果没有事前征得官方机构的同意，像美国私人部门在衍生工具方面的这些创新是不可能发生的。事实上，日本政府的行事原则与美国是完全相反的：他们禁止任何没有明确允许的事情（“正面清单”），而不是允许任何没有明令禁止的事情（“负面清单”）。

从美国模式的制度因素中分离出意识形态因素是非常困难的，因为二者在实践中是相互促进的，某些流行的意识形态必然会影响金融管制。许多学者和实践者深信更为成熟的金融市场利于提高市场效率和整体经济绩效，周密的对冲策略既能带来效率，又能提升稳定性。许多人恪守“有效市场”假说，即金融市场是理性的，他们需要考虑所有与股票价格相关的可用信息。此外，政治人物和意见领袖倾向于相信私人部门自我管制的有效性。他们认为，私人部门将会有动力进行有效的自我管制以维持其良好的声誉，因为声誉在金融界是至关重要的③。

美国政治经济的这些不同特征形塑了其独具特色的政府管制政策，包括对衍生证券市场场外交易的无管制政策。金融衍生产品（如期货、期权和权证）是金融工具，其价

---

① Lindblom（1977）认为“由于政府对企业界经济绩效的依赖，因此企业界拥有特权地位”的观点特别适用于金融部门。也可参见 Kwak（2014）对文化俘获（cultural capture）的讨论。

② Lavelle（2013）强调，在美国，碎片化的监管模式助长了监管套利行为的发生。

③ 参见 Campbell（2010）对新自由主义思想对管制失败影响的相关讨论；Eichengreen（2015）对意识形态对美国金融管制影响的相关讨论；Fligstein 和 Roehrkasse（2016）对“竞争性市场利于控制违法行为”理论的讨论。

格源于基础资产（如债券、股票或不动产）的价值。例如，在期货合同中，一方同意将既定的资产在未来某一时期以既定的价格卖给另一方。这些衍生产品通常在场外进行交易，意味着没有管控这些交易的中心市场，对交易以及作为衍生产品基础的资产的管制相对较少。基于国会《1992年期货交易实务法》赋予的法定权力，商品期货交易委员会已经豁免了对衍生证券的管制。

在1996~2000年Brooksley Born领导商品期货交易委员会期间，考虑到衍生产品带来的风险和1992年后衍生证券市场的快速发展，委员会质疑衍生证券豁免监管的合理性（Commodity Futures Trading Commission，1998）。财政部部长Robert Rubin、财政部副部长Larry Summers、证券交易委员会主席Arthur Levitt以及美联储主席Alan Greenspan均反对管制。他们认为，《1992年期货交易实务法》仅赋予商品期货交易委员会授予豁免的权力，而没有赋予其追加额外管制的权力。而且，商品期货交易委员会的行动将给金融衍生产品市场带来不确定性，对当时来说，这些不确定性是如此巨大足以扰乱整个金融市场（Levitt，1998）。

通过大部分未受管制的复杂交易策略，官方机构试图通过对冲基金和相似操作减少投资风险，因为这些基金的目标对象是配有专业顾问的高端个体和机构，而不是普通消费者。他们认为政府没有理由让精明的投资者用他们自己的钱进行赌博。然而，这些基金通过不透明的衍生产品、相互交错的证券投资组合和不透明的市场创造了系统性风险。他们依赖于以统计预测技术为基础的交易策略，这些预测技术对异常事件极为敏感。随着基金的急速增长、购入门槛的逐渐降低，越来越多的个体暴露在存在极大风险的投资策略之下，对冲基金在获取高收益方面变得越来越困难，因而鼓励更大的冒险行为。

20世纪80年代，大多数美国大型投资银行都从伙伴关系模式转变成了上市公司模式。这意味着经理人员对企业的长期健康发展关心较少，而更感兴趣于短期利润的最大化。这鼓励更加冒险的行为，也加大了通过股票期权补偿企业高管的可能，这又进一步促进了冒险行为的发生。

2004年，美国证券交易委员会修正了对投资银行的资本要求，允许它们通过自身的力量对风险进行评估，进而设置自身的资本要求（Eichengreen，2015）。尽管这一修正实质上并未放松杠杆率限制，但是确实鼓励了投资银行支持抵押贷款证券而不是其他资产，进而导致了抵押贷款证券的快速增长[①]。

这些各式各样的管制和非管制决定为接下来发生的戏剧性变化奠定了基础，抵押债券市场登上了舞台的中心。通过将大量抵押聚集，使其证券化，然后将其出售给投资者，这些金融工具破坏了借贷双方的直接联系。投资银行将抵押分为各种级别，评分最低的部分（次级抵押贷款）可以获取最高的收益。这促使投资银行更加支持次级贷款，因为这允许其扩展抵押市场并赢得更高的收益（Fligstein and Roehrkasse，2016）。更糟糕的是，投资银行正在加大杠杆率以最大化其从高交易量低交易保证金中获取利润的能力——实质上，它们正在利用自身获得更多借款的能力以投出更多的赌注。尽管如此，更高的杠

① 参见Carney（2012）对管制改革有此效果的原因探讨，以及他对“管制改革促使投资银行提高了自身的杠杆率”这一普遍观念的驳斥。

杆率使它们在即使房价发生小幅跌落的情况下都容易受到伤害。

同时，投资银行部署了周密的对冲策略以确保自身免受违约风险。像美国国际集团这样的公司使用信用违约互换（credit-default swap，CDS）帮助像银行这样的投资者，对冲其暴露于抵押贷款证券的风险。本质上，一份信用违约互换合同将会明确规定投资者一方需向另一方定期缴付一定的费用，反过来，另一方需承诺一旦负有还贷义务的投资者一方发生违约，其需支付一定的费用。尽管理论上来说这应该降低了风险，但实践中这些对冲策略使金融机构有能力冒更大的风险，当系统性危机发生的时候，这些风险大大超过了保险公司的承受能力。

信用评级机构继续给抵押贷款证券 3A 的等级评价，认为这些充满风险的证券依然是相对安全的投资。政府授予私人评级机构评定信誉等级和信用风险的优先权利。信用评级机构在金融市场上获得了大量的权利，因为它们的评级决定着企业和其他机构筹集资本的能力。这些机构对特定公司或资产的信誉等级评定收取费用，这导致大量的利益冲突，因为支付费用的公司都希望获得更高的等级评定。

金融危机也深受无论在经济繁荣还是在经济衰退时期均使用公允价值会计准则的影响。正如在本书前一章所指出的，公允价值会计准则基于市场价格对金融资产进行价值评估。随着 2003~2008 年房价的持续上涨，由于基础资产持续增值，抵押贷款证券的价值不断上升。在经济衰退时期，房价急速下降，跌至稳定的市场价值之下。这迫使银行以市场价格重新评估它们的资产，并增加了廉价抛售资产的压力[①]。紧接着银行成功地游说了政府，停止使用公允价值会计准则，转而使用历史成本会计准则。

凭后见之明，我们能够意识到，管制的反对者过于相信金融创新对提升效率的正面作用以及通过对冲策略增强资金安全的积极影响，忽略了这些策略也会加大风险发生的可能。抵押贷款证券允许投资者与房屋止赎个体绝缘，因为他们聚集了大量的贷款，进而分散了风险。尽管如此，这些个体贷款的违约风险并不是真正彼此独立；也就是说，房价的大幅下跌会引发系统性的危机，并引发大范围的违约事件。再者，管制者并未充分评估对冲策略以及进一步使用像信用违约互换这样的保险工具进行保值增值的能力引发更大风险的可能性。

总之，这一案例充分强调了本章的核心主题，因为它充分说明了美国管制机构在市场设计方面犯下了根本性的错误。官方机构过于相信市场主体解决问题和自我管制的能力，深信私人部门主体将会谨慎行动以保护其声誉、维持其业务以及留住其客户。Greenspan 在其国会证词上公开承认错误：

> Greenspan：信贷机构为保护股东权益的自利（行为）令我们这些目睹者（尤其是我）感到大为震惊、难以置信……
>
> Henry Waxman 主席：我向你提出的问题是，你有一套理念，你相信自由，相信竞争，正如在你的陈述中提及的，"我确实有一套理念。我的判断是自由、竞争的市场是迄今为止组织经济最为有效的方法。我们已经尝试过管制，但

① 美国证券交易委员会（United States Securities and Exchange Commission，2009）的一份研究报告指出，公允价值会计准则在高动荡的市场（如在经济繁荣或经济衰退时期，或者在非流动市场）中很难准确评估资产的价值。

却无一有效”。这是你的原话，你有责任阻止导致次贷危机的不负责任的借贷行为。许多人也建议你这样做。现在，我们的整体经济正在为此付出代价。你认为你的理念促使你做了一些你希望不要做的决定吗？……

Greenspan：我要向你说的是，是的，我发现了一个缺陷……（Greenspan，2008）。

管制者授予私人机构，如信用评级机构和会计公司过多的权利。他们过度依赖于对有专业人员支持的高端个体和机构，与广大的金融消费者进行区别管制。他们认为其可以在保留对后者保护的同时，减少对前者的管制。尽管如此，通过这样做，他们忽略了市场设计的整体特性以及不同细分市场之间的相互关系。

金融改革公共利益集团 Better Markets 估计，金融危机对美国造成的实际国内生产总值损失加上因紧急财政政策和货币政策规避的国内生产总值损失共计 12.8 万亿美元。然而宏观经济数据低估了这一损失，因为危机造成了巨大的人员损失。失业率从 2008 年 1 月的 5%猛增至 2009 年 10 月的 10.2%。家庭财富从 2007 年 7 月的 74 万亿美元下降至 2009 年 1 月的 55 万亿美元。中产家庭收入从 2007 年的 49 600 美元下降至 2010 年的 45 800 美元，跌幅约达 7.7%。2008~2012 年，至少 370 万个住宅被取消抵押赎回权。跌至贫困线之下的家庭数目从 2007 年的 12.5%上升至 2010 年的 15.1%（Kelleher et al.，2012）。

金融危机爆发后，美国国会对金融改革进行了广泛的讨论，最终促成了 2010 年《多德-弗兰克法案》的出台。该法案解决了导致危机发生的诸多问题，包括不称职的管制机构、对银行参与风险活动的过度宽容，以及“大而不倒”的银行机构。尽管如此，改革倡导者认为该法案是通过在立法过程而后的规则制定和执行，以及修正过程中不断让步才达成的。法案促成了新的消费者金融保护局的成立，不再保留原有的储蓄机构管理局。法案也促成了金融稳定监督委员会的成立以协调管制机构间的监管，从名称来看，其聚焦于对整体系统稳定性的监督。法案加强了对金融衍生产品交易的监管，要求金融机构将大多数交易转为公开交易。法案要求对“系统重要性金融机构”进行额外监管。以美联储前主席保罗·沃尔克名字命名的“沃尔克规则”，限制商业银行进行自营交易、投资对冲基金和私募基金。该规则有着关于哪些类型的交易是被允许的一系列指导方针。与《多德-弗兰克法案》不同，《巴塞尔协议Ⅲ》也提出了银行资本充足率标准。一份报告指出，《多德-弗兰克法案》并没有在加强管制权力和增强系统稳定性保障方面走得更远，但是消费者金融保护局和更高的资本要求代表着有意义的改进（Baily et al.，2007）。从市场设计的角度而言，金融稳定监督委员会代表着非常重要的一步，因为该委员会有权对整个金融体系进行监督，并将稳定性作为其主要的目标。尽管如此，如果施以更高额度的资本要求，加上采取通过禁止存款机构参与高风险投机行为结构性方案（该方案体现了《格拉斯-斯蒂格尔法案》的精神内核），多德-弗兰克改革将会更为有效。尽管如此，2017 年，特朗普总统发布旨在调整《多德-弗兰克法案》主要条款的行政命令[①]。众议院通过了削减多德-弗兰克众多条款的法案，并命名为“金融选择法案”，但是该法案在参议院未获通过。

① *New York Times*，2017 年 2 月 4 日：A1 版面。

从最好的情况来讲，在信息革命的案例中，美国市场体制提升了竞争和创新，使得生产效率和民众福利获得大幅增长。从最糟糕的情况来说，在金融危机的案例中，美国市场体制招致市场波动和风险行为，这导致了经济损失，并使普通民众陷入贫困。尽管美国吹嘘其市场体制是最接近“自由市场”模式的体系，但是本章已经表明美国模式是严密市场管控的产物，而不是缺乏市场管控所导致的结果。事实上，相比日本这样的协调市场经济，像美国这样的自由市场经济受到了更多的管控，美国经济有更多的法律和管制，更严密的法律规定和管制，更复杂的执行机制。正如第一章所指出的，在竞争市场和严格管控之间存在逻辑关联。美国市场改革有利于促进市场竞争的周密管控和更为复杂的市场（如电力资本市场）的塑造取代垄断。反托拉斯机构已经设计了更为完善的用于评估、执行和促进竞争的模型。美国政府一直在进行市场改革，有些取得了巨大成功，有些则遭遇了灾难性的失败。

参考文献

Ammori M. 2014. The case for net neutrality. Foreign Affairs，93（4）：62-73.

Baily M N，Klein A，Schardin J. 2017. The impact of the dodd-frank act on financial stability and economic growth. RSF：The Russell Sage Foundation Journal of the Social Sciences，31（1）：20-47.

Baker D. 2004-08-09. Bush's House of Cards. The Nation. https://www.thenation.com/article/bushs-house-cards/.

Bar F. 2001. The construction of marketplace architecture//The BRIE-IGCC E-conomy Project Task Force on the Internet. Tracking a Transformation：E-commerce and the Terms of Competition in Industries. Washington：Brookings Institution Press：7-28.

Baumol W J，Blinder A S，Wolff E N. 2003. Downsizing in America：Reality，Causes，and Consequences. New York：Russell Sage Foundation.

Belloc F. 2012. Corporate governance and innovation：a survey. Journal of Economic Surveys，26（5）：835-864.

Block F. 2007. Understanding the diverging trajectories of the United States and Western Europe：a neo-polanyian analysis. Politics & Society，35（1）：3-33.

Borrus M. 1988. Competing for Control：America's Stake in Microelectronics. New York：Harper and Row.

Borrus M，Zysman J. 1997. Globalization with borders：the rise of wintelism as the future of global competition. Industry and Innovation，4（2）：141-166.

Bronfenbrenner K. 2009. No Holds Barred：The Intensification of Employer Opposition to Organizing. Washington DC：Economic Policy Institute.

Budros A. 1997. The new capitalism and organizational rationality：the adoption of downsizing programs，1979-1994. Social Forces，76（1）：229-249.

Budros A. 1999. A conceptual framework for analyzing why organizations downsize. Organization Science，（10）：69-82.

Campbell J L. 2010. Neoliberalism in crisis：regulatory roots of the U.S. financial meltdown// Lounsbury M，Hirsch P M. Markets on Trial：The Economic Sociology of the U.S. Financial Crisis. Bingley：Emerald

Group：367-403.

Carney J. 2012-03-21. The SEC rule that broke wall street. https://www.cnbc.com/id/46808453.

Cioffi J W. 2004. The state of the corporation：state power，politics，policymaking and corporate governance in the United States，Germany，and France// Shapiro M，Levin M. Transatlantic Policymaking in an Age of Austerity：Diverstiy and Drift. Washington：Georgetown University Press：253-297.

Cohen S，Zysman J，DeLong B. 2000. Tools for thought：what is new and important about the “e-conomy”. UCAIS Berkeley Roundtable on the International Economy，Working Paper.

Commodity Futures Trading Commission. 1998. Concept Release on Over-the-Counter Derivatives. Washington：Commodity Futures Trading Commission.

Coriat B，Weinstein O. 2012. Patent regimes，firms and the commodification of knowledge. Socio-Economic Review，10（2）：267-292.

Council of Economic Advisers Issue Brief. 2016. The Patent Litigation Landscape：Recent Research and Developments. Washington：Council of Economic Advisers.

Crawford S. 2013. Captive Audience：The Telecom Industry and Monopoly Power in the New Gilded Age. New Haven：Yale University Press.

Dark Ⅲ T E. 2008~2009. Prospects for labor law reform. Perspectives on Work，12（1/2）：23-26.

Dau-Schmidt K G，Gallo J C，Craycraft J L，et al. 2000. Department of justice antitrust enforcement，1955-1997：an empirical study. Maurer School of Law，Indiana University，Digital Repository，Paper 215.

Eichengreen B. 2015. Hall of Mirrors：The Great Depression，the Great Recession，and the Uses-and Misuses-of History. New York：Oxford University Press.

Eisner M A. 2010. Markets in the shadow of the state：an appraisal of deregulation and implications for future research//Balleisen E J，Moss D A. Governments and Markets：Toward a New Theory of Regulation. New York：Cambridge University Press：512-537.

Eisner M A. 2011. The American Political Economy：Institutional Evolution of the Market and State. New York：Routledge.

Fligstein N. 1990. The Transformation of Corporate Control. Cambridge：Harvard University Press.

Fligstein N. 2002. The Architecture of Markets：An Economic Sociology of Twenty-First Century Capitalist Societies. Princeton：Princeton University Press.

Fligstein N，Roehrkasse A. 2016. The causes of fraud in the financial crisis of 2007 to 2009：evidence from the mortgage-backed securities industry. American Sociological Review，81（4）：617-643.

Forber S. 2012. Foreword//George G. Wealth and Poverty：A New Edition for the Twenty-First Century. Washington：Regnery Publishing：x-xii.

Freeman R B. 2007. America Works：Critical Thoughts on the Exceptional U.S. Labor Market. New York：Russell Sage Foundation.

Freyer T A. 2010. Deregulation theories in a litigious society：American antitrust and tort// Balleisen E J，Moss D A. Governments and Markets：Toward a New Theory of Regulation. New York：Cambridge University Press：482-511.

Friedman T. 1999. The Lexus and the Olive Tree：Understanding Globalization. New York：Anchor Books.

Frydman C，Jenter D. 2010. CEO compensation. National Bureau of Economic Research，Working Paper，No. 16585.

Golden M A，Wallerstein M，Lange P. 1999. Postwar trade-union organization and industrial relations in twelve countries//Kitschelt H，Lange P，Marks G，et al. Continuity and Change in Contemporary

Capitalism. Cambridge：Cambridge University Press：194-230.

Greenspan A. 2007. The Age of Turbulence：Adventures in a New World. New York：Penguin Press.

Greenspan A. 2008-10-23. Testimony to the Committee of Government Oversight and Reform of the United States House of Representatives. https://www.gpo.gov/fdsys/pkg/CHRG-110hhrg55764/html/CHRG-110hhrg55764.htm.

Grimes W W. 2002. Unmaking the Japanese Miracle：Macroeconomic Politics. Ithaca：Cornell University Press.

Hacker J S. 2006. The Great Risk Shift：The Assault on American Jobs，Families，Health Care，and Retirement and How You Can Fight Back. New York：Oxford University Press.

Hacker J S，Pierson P. 2010. Winner-Take-All Politics：How Washington Made the Rich Richer-and Turned Its Back on the Middle Class. New York：Simon & Schuster.

Hall P，Soskice D. 2001. An introduction to varieties of capitalism//Hall P，Soskice D. Varieties of Capitalism：The Institutional Foundations of Comparative Advantage. New York：Oxford University Press：1-68.

Hovenkamp H. 2005. The Antitrust Enterprise：Principle and Execution. Cambridge：Harvard University Press.

IBISWorld. 2017. Domestic Arilines in the US. IBISWorld Industry Report 48111b. http://clients1.ibisworld.com/reports/us/industry/default.aspx?entid=1125.

Jackson G. 2005. Stakeholders under pressure：corporate governance and labor management in Germany and Japan. Corporate Governance：An International Review，13（3）：419-428.

Jensen M C，Murphy K J. 1990. Performance pay and top-management incentives. Journal of Political Economy，98（2）：225-264.

Johnson S，Kwak J. 2010. 13 Bankers：The Wall Street Takeover and the Next Financial Meltdown. New York：Pantheon Books.

Kagan R A. 2001. Adversarial Legalism：The American Way of Law. Cambridge：Harvard University Press.

Kahn A E. 2002. The deregulatory tar baby：the precarious balance between regulation and deregulation，1970-2000 and henceforward. Journal of Regulatory Economics，21（1）：35-56.

Kelleher D，Hall S，Bradley K. 2012. The Cost of the Wall Street-Caused Financial Collapse and Ongoing Economic Crisis Is More Than $12.8 Trillion. Washington：Better Markets.

Kemp B. 2006. Copyright's digital reformulation//Zysman J，Newman A. How Revolutionary Was the Digital Revolution? National Responses，Market Transitions，and Global Technology. Stanford：Stanford Business Book：379-390.

Kenney M. 2003. The growth and development of the internet in the United States//Kogut B. The Global Internet Economy. Cambridge：MIT Press：69-108.

King D，Wood S. 1999. The political economy of neoliberalism：Britain and the United States in the 1980s//Kitschelt H，Lange P，Marks G，et al. Continuity and Change in Contemporary Capitalism. Cambridge：Cambridge University Press：371-397.

Krippner G R. 2011. Capitalizing on Crisis：The Political Origins of the Rise of Finance. Cambridge：Harvard University Press.

Kwak J. 2014. Cultural capture and the financial crisis//Carpenter D，Moss D A. Preventing Regulatory Capture：Special Interest Influence and How to Limit It. New York：Cambridge University Press：79-98.

Kwoka J. 2015. Mergers，Merger Control，and Remedies：A Retrospective Analysis of U.S. Policy. Cambridge：MIT Press.

Lavelle K C. 2013. Money and Banks in the American Political System. New York：Cambridge University Press.

Lazonick W. 2013. The fragility of the U.S. economy：the financialized corporation and the disappearing middle class//Breznitz D，Zysman J. The Third Globalization：Can Wealthy Nations Stay Rich in the Twenty-First Century? New York：Oxford University Press：232-276.

Lazonick W. 2014. Profits without prosperity：how stock buybacks manipulate the market，and leave most Americans worse off. Harvard Business Review，（9）：2-11.

Lazonick W，O'Sullivan M. 2000. Maximizing shareholder value：a new ideology for corporate governance. Economy and Society，29（1）：13-35.

Lehne R. 2001. Government and Business：American Political Economy in Comparative Perspective. New York：Chatham House.

Levitt A. 1998-07-30. Testimony of Chairman Arthur Levitt. Before the senate committee on agriculture，nutrition，and forestry，concerning the regulation of the over-the-counter derivatives market and hybrid instruments. https://www.sec.gov/news/testimony/testarchive/1998/tsty0998.htm.

Levitt M J，Conrow T. 1993. Confessions of a Union Buster. New York：Crown Publishers.

Lindblom C E. 1977. Politics and Markets：The World's Political-Economic Systems. New York：Basic Books.

Linderoth J T，Savelsbergh M W P，Budros A. 1999. A conceptual framework for analyzing why organizations downsize. Organization Science，10（1）：69-82.

Litt D G，Macey J R，Miller G P，et al. 1990. Politics，bureaucracies，and financial markets：bank entry into commercial paper underwriting in the United States and Japan. University of Pennsylvania Law Review，139（2）：369-453.

Logan J. 2002. Consultants，lawyers and the union free movement in the USA since the 1970s. Industrial Relations Journal，33（3）：197-214.

Mazzucato M. 2014. The Entrepreneurial State：Debunking Public vs. Private Sector Myths. London：Anthem Press.

McKinley W，Zhao J，Rust K G. 2000. A sociocognitive interpretation of organizational downsizing. Academy of Management Review，25（1）：227-243.

Mercatus Center，George Mason University. 2017. Mercatus RegData. https://quantgov.org/regdata/.

Mishel L，Davis A. 2015. Top CEOs make 300 times more than typical workers：pay growth surpasses stock gains and wage growth of top 0.1 percent. Economic Policy Institute，Issue Brief #399.

Morton F M S，Shapiro C. 2013. Strategic patent acquisitions. Antitrust Law Journal，79（2）：463-499.

Mowery D C，Rosenberg N. 1993. The U.S. national innovation system//Nelson R R. National Innovation Systems：A Comparative Analysis. New York：Oxford University Press：29-75.

New America Foundation. 2015. The cost of connectivity：data and analysis on broadband offerings in 24 cities across the world. https://www.newamerica.org/oti/policy-papers/the cost-of-connectivity-2014/.

Newman A，Zysman J. 2006. Transforming politics in the digital era//Zysman J，Newman A. How Revolutionary Was the Digital Revolution? National Responses，Market Transitions and Global Technology. Stanford：Stanford University Press：391-411.

Office of the Federal Register. 2017a. Code of federal regulations total pages and volumes 1938-2018. https://www.federalregister.gov/reader-aids/understandingthe-federalregister/federal-register-statistics.

Office of the Federal Register. 2017b. Federal register documents published（1936-2018）. https://www.federalregister.gov/reader-aids/understandingthe-federal register/federal-register-statistics.

O'Neill R. 2014. Toward better，more efficient capacity market design. Presentation to the Harvard Electricity Policy Group，Cambridge，MA.

O'Neill R，Helman U. 2007. Regulatory reform of the U.S. wholesale electricity markets//Landy M K，Levin M A，Shapiro M. Creating Competitive Markets：The Politics of Regulatory Reform. Washington，DC：Brookings Institution Press：128-156.

O'Sullivan M. 2000. Contests for Corporate Control：Corporate Governance and Economic Performance in the United States and Germany. Oxford：Oxford University Press.

Philippon T. 2012. Finance versus wal-mart：why are financial services so expensive?//Blinder A S，Lo A W，Solow R M. Rethinking the Financial Crisis. New York：Russell Sage Foundation：235-246.

Philippon T. 2015. Has the US finance industry become less efficient? On the theory and measurement of financial intermediation. American Economic Review，105（4）：1408-1438.

Posner R. 1979. The Chicago school of antitrust analysis. University of Pennsylvania Law Review，127（4）：925-948.

Prasad M. 2012. The Land of Too Much：American Abundance and the Paradox of Poverty. Cambridge：Harvard University Press.

Rader R，Chien C，Hricik D. 2013-06-05. Make Patent Trolls Pay in Court. New York Times，A21.

Rajan R G. 2005. Has financial development made the world riskier? Paper Presented at Federal Reserve Bank of Kansas City Symposium，Jackson Hole，Wyoming.

Reback G. 2009. Free the Market! Why Only Government Can Keep the Marketplace Competitive. New York：Portfolio.

Regulatory Studies Center，George Washington University. 2016. Reg Stats. https://regulatorystudies.columbian.gwu.edu/reg-stats.

Reinhart C M，Rogoff K S. 2009. This Time is Different：Eight Centuries of Financial Folly. Princeton：Princeton University Press.

Rosenbloom J L，Sundstrom W A. 2009. Labor-market regimes in U.S. economic history. National Bureau of Economic Research，Working Paper：15055.

Roth A E. 2015. Who Gets What-and Why. Boston：Houghton Mifflin Harcourt.

Roubini N. 2008-02-05. The rising risk of a systemic financial meltdown：the twelve steps to financial disaster. EconoMonitor，http://www.economonitor.com/nouriel/2008/page/18/.

Saxenian A. 1994. Regional Advantage：Culture and Competition in Silicon Valley and Route 128. Cambridge：Harvard University Press.

Schaede U. 2000. Cooperative Capitalism：Self-Regulation，Trade Associations，and the Antimonopoly Law in Japan. Oxford：Oxford University Press.

Shapiro C. 2000. Navigating the patent thicket：cross licenses，patent pools，and standard setting. Innovation Policy and the Economy，（1）：119-150.

Shiller R J. 2007-09-17. Bubble Trouble. Project Syndicate，https://www.projectsyndicate.org/commentary/bubble-trouble?barrier=accessreg.

Stiglitz J E. 2010. Freefall：America，Free Markets，and the Sinking of the World Economy. New York：W. W. Norton.

Stiglitz J E. 2015. The Great Divide：Unequal Societies and What We Can Do About Them. New York：W. W. Norton.

United States Department of Labor. 2017. Bureau of labor statistics. https://www.bls.gov/lpc/#tables.

United States Securities and Exchange Commission. 2009. Report and Recommendations Pursuant to Section 133 of the Emergency Economic Stabilization Act of 2008：Study on Mark-to-Market Accounting. Washington：Securities and Exchange Commission.

Useem M. 1996. Investor Capitalism：How Money Managers are Changing the Face of Corporate America. New York：Basic Books.

Vietor R H K. 1994. Contrived Competition：Regulation and Deregulation in America. Cambridge：The Belknap Press of Harvard University Press.

Vogel D. 1989. Fluctuating Fortunes：The Political Power of Business in America. New York：Basic Books.

Vogel S K. 1996. Freer Markets，More Rules：Regulatory Reform in Advanced Industrial Countries. Ithaca：Cornell University Press.

Vogel S K. 2001. The crisis of German and Japanese capitalism：stalled on the road to the liberal market model? Comparative Political Studies，(34)：1103-1133.

Vogel S K. 2006. Japan Remodeled：How Government and Industry Are Reforming Japanese Capitalism. Ithaca：Cornell University Press.

Vogel S K. 2018. Marketcraft：How Government Make Markets Work. New York：Oxford University Press.

Wallison P J. 2011. Financial crisis inquiry commission dissenting statement//The Fincial Crisis Inquiry Commission. The Financial Crisis Inquiry Report：Final Report of the National Commission on the Causes of the Financial and Economic Crisis in the United States. New York：Public Affairs：441-450.

Weare C. 2003. The California Electricity Crisis：Causes and Policy Options. San Francisco：Public Policy Institute of California.

Weber S. 2004. The Success of Open Source. Cambridge：Harvard University Press.

Weber S. 2005. The Success of Open Source. Boston：Harvard University Press.

Weber S. 2006. From linux to lipitor：pharma and the coming reconfiguration of intellectual property//Zysman J，Newman N. How Revolutionary Was the Digital Revolution? National Responses，Market Transitions and Global Technology. Stanford：Stanford University Press：217-233.

Western B. 1995. A comparative study of working-class disorganization：union decline in eighteen advanced capitalist countries. American Sociological Review，60 (2)：179-201.

Western B，Rosenfeld J. 2011. Unions，norms，and the rise in U.S. wage inequality. American Sociological Review，76 (4)：513-537.

Wilensky H L. 2002. Rich Democracies：Political Economy，Public Policy，and Performance. Berkeley：University of California Press.

Wilensky H L. 2012. American Political Economy in Global Perspective. Cambridge：Cambridge University Press.

Yoo C S. 2008. The enduring lessons of the breakup of AT&T：a twenty-five year retrospective. Federal Communications Law Journal，61：1-10.

Zysman J. 1983. Governments，Markets，and Growth：Finance and the Politics of Industrial Change. Ithaca：Cornell University Press.

Zysman J. 2006. Creating value in a digital era：how do wealthy nations stay wealthy?//Zysman J，Newman N. How Revolutionary Was the Digital Revolution? National Responses，Market Transitions，and Global Technology. Stanford：Stanford University Press：23-52.

基于 CiteSpace 的中国产学研研究计量分析及其热点展望

李德宏[①] 付祥云[②]

摘 要：为探究中国产学研研究领域的研究现状，揭示相关主旨内涵、研究热点和演化路径，选取 1998~2016 年中国知网（China National Knowledge Infrastructure，CNKI）数据库收录的含“产学研”这一词的 1 423 篇论文，运用文献计量学方法对论文的作者、机构、来源期刊等进行系统分析，并绘制出相应知识图谱。结果显示：朱桂龙、曹霞、樊霞、顾新、杨国梁、菅利荣、吴洁等学者是产学研研究的核心作者；华南理工大学工商管理学院、哈尔滨工程大学经济管理学院、南京航空航天大学经济与管理学院、中国科学院科技政策与管理科学研究所等是产学研研究的主要发文机构。进一步，揭示出该领域的研究热点有产学研合作、产学研协同创新、人才培养、产学研合作教育等方面；研究演化路径经历了探索和深化两个阶段。未来对产学研的研究会更加趋向于公众参与、知识共享、创新价值链等主题的探讨和深化。

关键词：产学研 引用空间 知识图谱

中图分类号：F121.3；F250.2

一、问题的提出

从 20 世纪 90 年代开始，伴随着中国经济体制改革的进程加速，科技进步、经济发展，使得社会需要大量的人才。紧随其后，中国高等教育体制改革应运而生，以响应教育、科技、经济之间的相互依赖、共同发展关系，所以大学和企业合作，走产学研结合的道路为实现社会的全面发展提供了理论依据。梳理文献后不难发现，目前关于产学研研究领域的研究综述有一些，如刘须群和陈星（2002）从产学研合作教育、类型和机制、发展趋势、政府在产学研合作中的作用以及产学研合作引发的问题等五个方面对产学研合作问题进行综述分析；蒋玉宏和江洋（2009）从创新网络研究的角度，论述了创新环

---

① 李德宏，男，浙江大学经济学硕士、香港中文大学会计学硕士，杭州顺网科技股份有限公司副总裁、战略发展部首席专家。

② 付祥云，女，安徽阜阳人，安徽财经大学创业与企业成长研究所硕士研究生，研究方向：产学研创新绩效比较、官产学三重螺旋。

境是产学研等行为主体在区域中的网络联系；周晓阳和王钰云（2014）在分析国内外学者对产学研合作创新绩效评价方面研究的基础上，系统地探究了产学研合作绩效评价的内涵，并总结出产学研协调创新区别于产学研合作创新的特点；程芬等（2016）从产学研联盟知识转移动因、模式、绩效及利益分配等方面展开综述，总结出产学研联盟知识转移的研究现状。

不言而喻，以上综述从不同的角度揭示了产学研研究领域内的部分情况与局部现状。毋庸置疑，这些对于该领域的下一步研究具有一定的回顾价值与前瞻意义。然而，这些文献都是对产学研某一具体的方面进行分析，而对大量的总体的或较为宏观一些的文献计量分析还是很缺乏的。因此，本文通过借助文献计量学的方法，对 CNKI 数据库中收录的产学研研究领域的文献进行了统计分析，借助 CiteSpace 分析工具对该领域的研究现状、热点等进行了梳理，以期为产学研研究领域内的理论提升与实践进展提供较为有利的参考依据与价值支撑。

二、数据来源和研究方法

为确保文献来源的全面性，本文数据获取的主要方式是从 CNKI 数据库下载含有“产学研”关键词的专题性论文（包括硕博士学位论文），时间为 1998~2016 年，共检索出 1 423 篇论文。本文使用的 CiteSpace 是由美国德雷克塞尔大学陈超美教授及其团队运用 Java 语言开发的一种可以对收集的数据进行计量分析，探索一定研究领域内的研究热点，能够为未来的研究方向做出预测的可视化工具（Chen，2004，2006）。本文在利用 CiteSpace 对关键词共现、作者共现、机构共现等进行技术处理的基础上，对其知识图谱进行分析。

三、产学研研究的基本状况

（一）文献数量的变化统计

根据 CNKI 所显示的数据统计发现，1998~2009 年产学研研究领域的文献增加很多，是研究的快速增长阶段，其中在 2009 年达到第一个高峰值的 115 篇；经过 2010 年和 2011 年的小幅下降、发文数量的减少之后，在 2012 年上扬达到第二个峰值的 151 篇；接着，在 2014 年达到第三个峰值的 158 篇；继而，在 2015 年达到历年发文数量的最大值 161 篇；而后在 2016 年又有所下降（图 1）。

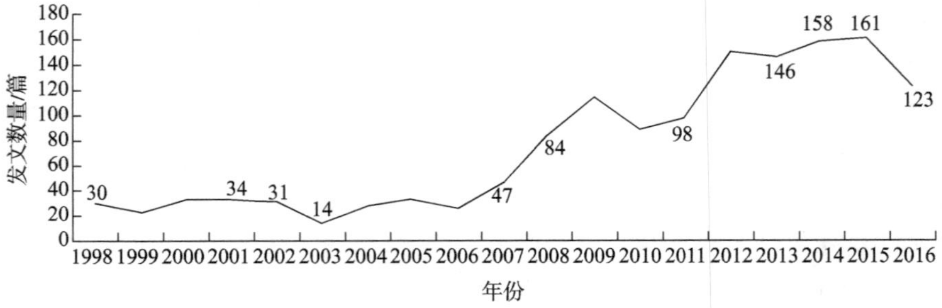

图 1　1998~2016 年产学研研究领域期刊数量变化态势

（二）来源期刊分布

根据 CNKI 数据库统计来源期刊发表产学研文献的数量，可得出排名前 12 位的期刊（图 2）。其中，《科学管理研究》和《科技进步与对策》是关于产学研文献发文量最多的两个期刊，均在 150 篇以上。载文 30 篇以上的这 12 个期刊中，《科技进步与对策》《中国高教研究》《科学学与科学技术管理》《科学学研究》《高等工程教育研究》以及《研究与发展管理》的复合影响因子均在 1.5 以上。此类期刊均为核心期刊，其上所登载的文章在一定程度上可以代表产学研研究领域的重点。其中，《中国高教研究》《高等工程教育研究》是教育类方面的核心期刊，《科学学研究》《科学学与科学技术管理》是科学研究管理方面的核心期刊。可以看出产学研是一个多领域跨学科的交叉性学科，它包含了教育管理、科技管理及经济管理等诸多学科的特点。

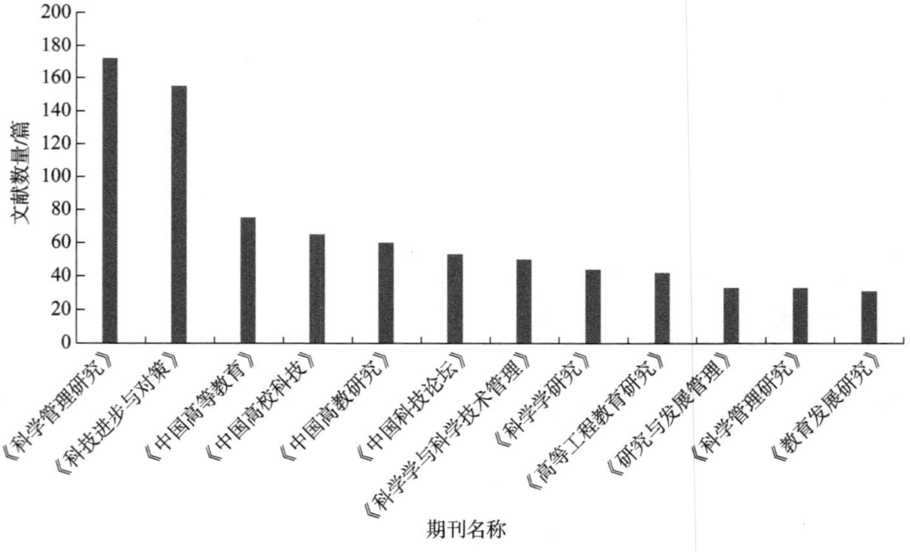

图 2　1998~2016 年产学研研究领域来源期刊文献的数量

（三）核心作者

随着产学研合作的不断发展，学者对其研究主题的关注度也不断增加，每年都会有研究人员参与研究，作者发文的数量总体上也越来越多。衡量学者在其相应科研领域的学术贡献和影响力多是以作者发文量和期刊被引频次为标准的。本文使用 CiteSpace 方法对从 CNKI 数据库中搜索的 1 423 篇文章的作者和这些文章的被引频次进行分析，对发文量在 6 篇及以上以及单篇被其他学者引用次数达到或超过 80 次的作者进行统计（表 1 和表 2），有助于我们了解产学研研究领域的核心作者，更加准确地梳理出该领域的研究热点。

表 1 1998~2016 年发文 6 篇及以上的作者 单位：篇

作者	发文量	作者	发文量	作者	发文量
朱桂龙	22	刘国巍	8	张瑜	7
曹霞	20	原毅军	8	刘力	7
樊霞	15	刘和东	8	李燕萍	6
顾新	11	原长弘	8	蔡立彬	6
杨国梁	10	盛永祥	8	于娟	6
菅利荣	9	陈光华	8	丁荣贵	6
吴洁	9	范德成	7	王进富	6
冯锋	9	崔英德	7		

表 2 单篇被引频次 80 次及以上的作者

频次	作者
200 次及以上	何郁冰（684）；王毅（521）；张力（354）；苏敬勤（258）；仲伟俊（207）；李志强（200）；刘力（200）；李廉水（200）
150~199 次	王文岩（188）；罗利（173）；李新男（172）；连燕华（172）；王娟茹（166）；石火学（152）；张米尔（151）；潘懋元（150）
100~149 次	饶燕婷（147）；周静珍（145）；胡恩华（143）；金芙蓉（134）；丁堃（117）；谢开勇（114）；曹静（109）；吴悦（108）；钟秉林（107）；陈培樗（100）
90~99 次	周正（99）；刘凤朝（97）；李伟铭（93）；刁丽琳（92）；杜鹃（92）；马宁（91）；王进富（90）
80~89 次	黄胜杰（87）；冯锋（86）；佟晶石（85）；肖丁丁（83）；常小勇（83）；李大胜（83）；涂振洲（82）；黄波（81）；孙伟（81）；谢园园（80）；李雪（80）；秦旭（80）；张炼（80）

注：在作者单篇被引频次的排名统计中，以第一作者为准，且同一作者出现 1 次以上的，以最高频次排名为准

分析表 1、表 2 能够发现，核心作者朱桂龙、曹霞、樊霞、顾新及杨国梁发文量都在 10 篇及以上，是产学研研究领域研究的高产作者。何郁冰、王毅、张力、苏敬勤、仲伟俊、李志强、刘力及李廉水的文章被引频次在 200 次及以上，是产学研研究领域研究影响比较大的作者。

（四）主要研究机构

在 CiteSpace 软件中，对产学研研究领域的研究数据进行机构共现分析，即在 CiteSpace 软件中 Node Types 的选项中选中 Institution。对近年来该领域研究机构的发文量在 5 篇及以上的研究机构进行排序列表，得到表 3。这 25 个机构发文量（259 篇）占

论文总量（1 423 篇）的 18.20%。这些机构是产学研研究领域研究的主要机构，包括华南理工大学工商管理学院、哈尔滨工程大学经济管理学院、南京航空航天大学经济与管理学院、中国科学院科技政策与管理科学研究所等。

表 3　1998~2016 年发文 5 篇及以上的研究机构　　单位：篇

发文量	研究机构
10 篇及以上	华南理工大学工商管理学院（44）
	哈尔滨工程大学经济管理学院（35）
	南京航空航天大学经济与管理学院（16）
	中国科学院科技政策与管理科学研究所（16）
	吉林大学管理学院（13）
	西安交通大学管理学院（11）
	江苏科技大学经济管理学院（11）
	东北大学文法学院（11）
5~9 篇	四川大学商学院（8）
	华中科技大学管理学院（8）
	华南农业大学经济管理学院（8）
	华中科技大学公共管理学院（7）
	重庆大学贸易与行政学院（7）
	武汉理工大学管理学院（6）
	河海大学商学院（6）
	广东工业大学（6）
	四川大学创新与创业管理研究所（6）
	华南理工大学科学技术处（5）
	中国科学技术大学公共事务学院（5）
	江苏大学管理学院（5）
	南京工业大学经济与管理学院（5）
	浙江大学教育学院（5）
	四川大学工商管理学院（5）
	天津大学管理与经济学部（5）
	南京工业大学经济管理学院（5）

（五）合作机构与合作作者分析

前文对核心作者和主要研究机构分别做了一些分析，得到了产学研研究领域核心作者的名单以及主要研究机构的名单。但作者之间以及研究机构之间的合作关系是本部分的重点，因为了解两者之间的关系有利于明晰该领域的核心团队和科研队伍的规模，能够进一步了解和把握产学研研究领域的研究热点和研究方向的发展走向。绘制产学研研究领域合作作者与合作机构的共现图谱，就是通过在 Citespace 软件中的 Node Types 中同时选择 Institution 和 Authors 两个选项，将 Top *N* 值设定为 30，其他选项不变，经过处理得出科学知识图谱。

在该知识图谱中，节点有大小之分，节点之间的连线有粗细和颜色之分，这是因为节点代表着研究机构或作者在产学研研究领域的影响力，节点越大，影响力也就越大；节点之间连线的粗细程度代表的是研究机构和作者这两者关系的强弱，颜色表明的是不同的年份。按机构的节点从大到小的排列有华南理工大学工商管理学院、哈尔滨工程大学经济管理学院、南京航空航天大学经济与管理学院、中国科学院科技政策与管理科学研究所、吉林大学管理学院、西安交通大学管理学院、江苏科技大学经济管理学院、东北大学文法学院等机构，这些机构相比其他的机构节点较大，说明以上机构是产学研研究领域的核心机构；在作者节点中，朱桂龙、曹霞、樊霞、顾新、杨国梁、菅利荣、吴洁等的节点较大，并且与前文核心作者的分析结果是一样的，是该领域的核心作者；产学研研究领域的核心作者所在的单位与核心研究机构基本保持一致，如朱桂龙和樊霞就职于华南理工大学工商管理学院、曹霞在哈尔滨工程大学经济管理学院任教、杨国梁来自中国科学院科技政策与管理科学研究所、菅利荣来自南京航空航天大学经济与管理学院。另外，还会有不同的研究机构与不同地区的作者之间通过学术交流和探讨来进行合作，来为产学研研究领域的学术研究增加更多的内容。

通过将表 1、表 2 的核心作者群，表 3 的核心研究机构群，以及合作作者和合作机构群组合在一起进行分析，发现朱桂龙、曹霞、樊霞、顾新、杨国梁、菅利荣、吴洁、冯锋、刘国巍、原毅军等是产学研研究领域的核心研究学者，同时，主要研究机构有华南理工大学工商管理学院、哈尔滨工程大学经济管理学院、南京航空航天大学经济与管理学院、中国科学院科技政策与管理科学研究所、吉林大学管理学院、西安交通大学管理学院、江苏科技大学经济管理学院、东北大学文法学院、四川大学商学院等。这些学者和他们所在的研究机构是产学研研究得以进行和拓展下去的主要力量和主要阵地，构成了产学研研究领域的科研主力军。

四、产学研的研究热点

关键词是对文献研究内容和研究主题的高度概括，本文通过对 1998~2016 年产学研文献的关键词进行梳理，发现这些词在产学研文献中反复出现，分析这些高频关键词就能够使我们了解到在产学研研究领域学者关注的热点，能够让初入该领域的学者更快地了解关于产学研的知识点。关键词在这类文章中出现的次数越多，表明产学研在该方面的研究热度就越强。在 CiteSpace 中进行关键词共现网络分析得到的知识图谱，反映了1998~2016 年中国学术界关于产学研的研究热点。将其中出现频次较高的关键词整理出来得到表 4，可以看出“产学研合作”是出现频次最高的关键词，其次是“产学研”“协同创新”“人才培养”“产学研合作教育”等。这些高频关键词共同体现了当前产学研研究领域专家、学者共同关注的主体。

表 4　产学研研究文献中高频次和高中心度关键词（前 20 位）

频次排序			中心度排序		
频次	中心度	关键词	频次	中心度	关键词
433	0.55	产学研合作	433	0.55	产学研合作
300	0.26	产学研	82	0.33	人才培养
118	0.12	协同创新	300	0.26	产学研
82	0.33	人才培养	67	0.25	技术创新
69	0.24	产学研合作教育	69	0.24	产学研合作教育
67	0.25	技术创新	34	0.15	知识转移
63	0.1	产学研结合	9	0.14	科研机构
56	0.12	产学研联盟	28	0.13	产学研一体化
37	0.09	产学研协同创新	118	0.12	协同创新
34	0.15	知识转移	56	0.12	产学研联盟
31	0.07	科技成果	19	0.11	创新型国家
28	0.13	产学研一体化	63	0.1	产学研结合
26	0.04	创新	16	0.1	产学研联合
25	0.05	产学研合作创新	37	0.09	产学研协同创新
24	0.07	合作模式	21	0.09	创新绩效
21	0.08	合作创新	9	0.09	国家创新体系
21	0.09	创新绩效	21	0.08	合作创新
19	0.11	创新型国家	31	0.07	科技成果
18	0.07	合作教育	24	0.07	合作模式
17	0.07	产学研战略联盟	18	0.07	合作教育

另外，中心度的高低也可以用来衡量文献的重要性，中心度越大，表明该关键词在

产学研研究领域的影响力越大。将各个节点结合起来寻找关键节点可以得出重要的高频关键词，这些关键词对应的文章对该领域的研究具有重要的作用。节点的中心度越高，它起到的连接作用就越大。表 4 显示，中心度排在前三位的关键词依次是“产学研合作”“人才培养”“产学研”，紧随其后的依次为“技术创新”“产学研合作教育”“知识转移”等关键词，表明它们在产学研研究领域的知识网络中具有重要的中介作用。

综合关键词出现的频次大小和中心度高低的分析，并结合产学研研究文献中关键词共现知识图谱，可以判定在产学研合作的核心议题下，协同创新、人才培养、产学研合作教育、技术创新、知识转移等是产学研研究领域的热点。但并不是所有的高频次和具有高中心度的词都有指向性且容易被人理解，如高校、模式等关键词所指较为笼统，难以表明研究的倾向性，因此在统计时剔除此类词汇。

（一）产学研的概念剖析以及产学研合作

1. 产学研的概念剖析

产学研是指产业、大学、科研机构等组织相互协作、相互配合，在发挥各自优势的基础上，对一项技术的研究、开发和生产进行一系列的合作，其实质是促进技术创新所需的各种生产要素的组合。产学研的理论基础为国外的三重螺旋理论，其主要是由美国的 Etzkowitz 和荷兰的 Leydesdorff 在 1995 年提出的，这两位学者认为大学、产业和政府之间相互作用而产生大学科技园、衍生公司、孵化器等混合组织，这是由于三个机构之间可以“起到某种意义上的替代其他机构范围内的作用或效果”，并且这三者之间并不是没有界限的（Etzkowitz and Leydesdorff，1995；王成军等，2018）。该理论为产学研与各类创新创业以及利用产学研来推动区域经济的发展提供了理论依据，它把大学、研究机构与企业结合在一起，形成一个创新的组合，从而将研发和生产结合起来，发挥各个主体在提高区域创新能力和推动经济发展方面的作用。

2. 产学研合作

追踪文献发现，“产学研合作”是产学研研究领域研究的热点，近年来，国内学术界对产学研合作的理论研究主要集中在产学研合作的主体研究、产学研合作的组织模式研究、产学研合作的知识转移机制等方面。

在产学研合作的主体研究方面，柳卸林和潘铁（2008）通过分析我国产学研合作中存在的问题以及对以大学和科研机构为主体的产学研合作模式的效率进行评价，提出以企业为主体的产学研合作模式的必要性；赵渊和朱苏飞（2008）通过对产学研合作中大学定位和角色主体的关系的界定，来探求不同类型高等院校特色的产学研可能合作途径，以期能够真正实现产学研合作的“因地制宜”“因校制宜”，使其既能充分激发起体制、机制的活力，又能推动产学研合作的广泛、深入开展；韩鹤进和黄梅（2015）认为当前校企合作的管理方式主要有企业进校园、订单式、互动融合式三种管理模式，并且存在校企科研合作资金投入不足、管理运行机制不完善等问题。

在产学研合作的组织模式研究方面，张俊和李忠云（2005）通过对产学研结合的基础和方式进行分析，将其运行机制分为信用基础型结合运行机制、契约型结合运行机制、法人型结合运行机制以及产学研一体化运行机制，并认为最后一种是最佳的运行机制。高宏伟（2011）对创新过程的演进和利益分配进行分析，他认为可以将创新过程的思想引入产学研合作利益分配中，并采用博弈论的方法对这一思想进行了研究，提出了这一过程中产生的产学研利益分配模型。

在产学研合作的知识转移机制方面，吴洁（2007）运用德国科学家艾根提出的超循环理论来分析产学研合作系统的超循环特征，认为在产学研超循环系统中，需要各个主体之间的相互合作、互动互补来促进科学和技术的创新，这有助于提升产学研合作整体的经济实力。刘芳（2012）从社会资本的角度出发，分析了社会资本三维度均对产学研合作知识转移绩效具有明显的正向影响。

（二）协同创新

协同创新主要是通过几个创新主体的相互合作，将其所拥有的要素和资源集聚在一起，突破各个主体的壁垒，使人才、资本、信息、技术等创新要素相结合，发挥最大的优势。而我国产学研协同创新主要兴起于 20 世纪 90 年代，它主要是以大学或科研院所为研究主体，利用一定的资源和人才对一项技术进行研究和开发，而企业就负责将这项技术产业化（何郁冰，2012）。采用这种方式的主要目的就是提高效率，使合作双方达到“1+1>2”的结果。近年来，不仅学者们在积极地研究协同创新，政府也在相继采取措施来激励企业和大学、科研院所合作创新，如广东省积极打造全链条产学研协同创新体系、四川省成立了产学研协同创新联盟等。事实证明，要实现产学研更好地协同创新，不仅需要单个主体发挥作用，还需要政府、企业、大学、科研机构及中介组织共同努力来完成。

（三）产学研合作教育

产学研合作教育是指充分利用社会和学校两种不同的教育环境和教育资源来培养学生的全面素质、综合能力等，把课程知识直接与实际经验、实践能力相结合，有助于培养高能力人才。在产学研研究领域，学者过多地关注产学研合作教育主要是因为在进行产学研合作创新时，所需的创新精神和实践能力都离不开人才的培养。知识是一种必要的基础，创新精神的关键在于对创新氛围及过程的亲身经历和感受。通过企业和大学共同努力来培养人才是明智的，有利于为企业提供符合企业发展要求的人才。主要途径如下：一是设立科研专题项目，让更多的学生早点接触到与科技有关的研究和开发项目；二是企业要更多地为学生提供实习岗位，让他们可以将学到的理论知识较快地运用到实践中；三是大学要根据市场的需要，培养有针对性的科技人才；四是可以借鉴发达国家培养科技、创新人才的经验，来制定适合我国学生的教育课程。

五、产学研研究的演化路径与未来潜在的研究趋势展望

（一）研究的演化路径

自“产学研”一词被提出以来，学者们争相对这一主题进行多方面的研究。中国自第一篇产学研文章发表以来，每年的研究成果都有所增加。各学者对产学研的研究不仅在研究视角上寻求创新，研究方法也越来越多，关于产学研这方面的研究主题也是越来越丰富。本文通过产学研时区图谱来分析各个时期研究主题的变化轨迹，以 2009 年为时间节点，分两个阶段对这一问题进行分析。

1. 研究探索阶段：1998~2008 年

统计发现，这一阶段的研究成果数（497 篇）占总体（1 423 篇）的 34.93%，且增长趋势明显。1998~2016 年产学研的年度研究热点主题演化轨迹中，1998~2008 年学者的研究重点指向产学研合作、科研机构、产学研联合、产学研一体化、科技成果、新技术产业化、国家创新体系、产学研合作创新、合作模式、技术转移、科技政策，这一阶段的产学研研究处于前期探索阶段，主要都是对产学研概念、组织模式、合作创新、存在的问题以及解决的措施等方面的研究，同时，有部分学者开始关注对创新网络、创新人才培养等方面的探讨。对产学研的研究，前期探索阶段比较重要的是学者需要根据自己研究的角度，总结出解决产学研现存问题的对策和建议。

2. 研究深化阶段：2009~2016 年

在研究深化阶段，产学研的研究成果文献有 926 篇，占总数的 65.07%。该阶段学术界的研究热点转向政府资助、知识共享、文化协同、知识管理、产学研用、官产学研、人才培养模式、激励机制等层面。同时继续对创新能力、产学研协同创新、组织模式等内容进行多层次、宽领域的研究。现阶段产学研合作已进入繁盛期，政府介入其中已成必然趋势，关于这方面的研究成果也会日渐丰富，但政府如何加入产学研合作中，仍需要学者进一步探索。

（二）未来潜在的研究趋势展望

1. 公众参与产学研合作创新

目前，创新的主体已不仅局限于高校和企业，政府和中介机构近几年也参与其中，未来社会大众参与创新也是有可能的，如现在的个性化定制就是大众参与创新的一种方式。然而，受自身利益权衡和市场开拓的限制，单独的公众参与创新难免会存在难度，所以，公众这一主体是否能够充分发挥作用仍待学者进一步探索。

2. 知识共享

知识共享是指某一特定的组织或联盟的内部成员或各部门之间的知识传递与共享，他们通过相互学习、交流和沟通，来实现知识在组织间的流动，知识的接收方通过重新整合，可以创造出新知识。产学研联盟知识共享可以加强成员之间的协作，实现知识的流动和共享，可以迅速提高本联盟知识的存量，可以形成知识生产和创造的规模效益（魏奇锋和顾新，2011）。所以，研究产学研研究领域的知识共享有助于加强企业、大学、科研院所知识的合作，使有知识的一方通过共享的方式分享给需要知识的一方，这种知识共享主要就是因为合作各方存在着知识差异。解决这一差异，可以提高企业、大学、科研机构三者的知识构成，促进科学技术的创新和科技成果的转化。

3. 创新价值链

创新价值链是一个循序渐进的连续创新的过程，主要包括创意产生、创意开发及创意推广三方面。它能够使管理者认识到他们自认为创新性很强的项目实际上可能会发展成为企业发展的弱点，只有找到企业创新的发展弱项，才能集中精力选择有针对性的方法解决这一弱项，从而提高创新绩效。中国关于产学研研究领域的创新价值链的文献发表于2010年，研究的主题是生物技术方面。到2012年，才有第一篇关于创新价值链的产学研合作模式的研究，这方面的文献比较欠缺，未来可以从大学、科研院所和企业之间创新产生、开发和推广即创新价值链方面着手研究，进而提高创新能力。

六、结语与讨论

本文采用 CiteSpace 方法对1998~2016年产学研研究领域不断涌现的大量研究文献进行作者共现分析、机构共现分析以及合作机构和合作作者共现分析等。不难看出，产学研理论从开始研究至今，经过一些学者多年的努力、推动和发展，产生了丰硕的成果，研究正朝着多样化、多趋势、多学科的方向发展，研究的视角也越来越新颖和多元化，研究方法多采用了定性和定量相结合的方式，研究热点更加深刻和广泛，逐渐形成了产学研的研究体系和认知范式。

进一步，刘力（2001，2002a，2002b）、胡恩华和郭秀丽（2002）、王成军和王沛民（2005）以及李张珍（2016）在研究产学研议题时，已经注意到产学研不仅无法解决实践层面的问题，也无法指称其所涉及的主体。一些学者也注意到产学研实质上隐含着官产学的理念。对比代数关系中产学研的关系（U_1，I_1）→（U_2，I_2），以及官产学的关系（U_1，I_1，G_1）→（U_2，I_2，G_2），可以发现，产学研包括学术界和产业界两个主体，这一术语未将政府参与包括在内。也就是说，中国在引入发达国家这方面的经验时，没有将理论和实践很好地进行契合，所以它未能发挥出原本应有的启迪和工具作用。以此来看，中国引入的产学研只能称为产学合作。而官产学或“大学-产业-政府”则充分将政府这一主体与大学和产业等进行了涵盖和容纳，正好能够提供一个具有启迪或工具意义的创新模式，即在以后的产学研研究中，尤其值得进一步深入探索政府所起到的重要且适当的作用。

再者，近些年，中央政府提出了“2020 年建成创新型国家”“中国制造 2025”“两个一百年”的愿景蓝图。为积极有效实现这些战略目标，以期未来真正实现中华民族伟大复兴的“中国梦”，中央政府贯彻实施了“创新驱动”战略以及“大众创业、万众创新”的举措。为响应此类一系列国家发展战略诉求，作为产业界的基本构成，若干企业尤其是高新技术企业需要从要素驱动转变为创新驱动；从低成本竞争优势转变为质量效益竞争优势（刘志彪，2018）；从资源消耗大、污染物排放多的粗放制造转变为绿色制造；从生产型制造转变为服务型制造。为应对新挑战并把握新机遇，大学则要在创新生态系统中，越发注重将人才培养、科学研究与创新创业有机连接成一个整体，在响应政府规划、企业需求的实践探索中获得不断成长和壮大的机会。其中，有条件的大学甚至发展成为创新型、创业型大学，从而敢于担当，勇于引领新思想、开拓新技术、创造新产业。不言而喻，值此改革开放 41 周年之际，理论研究者当洞察国际学术前沿，不断探索并破解时代发展新课题、新难题，从而能够积极有效、充满活力地更好地服务于实践开拓者、政策制定者。

参 考 文 献

程芬，郭瑾，梁喜. 2016. 产学研联盟知识转移研究述评与展望. 科技进步与对策，（11）：157-160.

高宏伟. 2011. 产学研合作利益分配的博弈分析——基于创新过程的视角. 技术经济与管理研究，（3）：30-34.

韩鹤进，黄梅. 2015. 高校与企业在产学研合作中的角色定位——从校企合作管理主体谈起. 中国高校科技，（9）：38-39.

何郁冰. 2012. 产学研协同创新的理论模式. 科学学研究，（2）：165-174.

胡恩华，郭秀丽. 2002. 我国产学研合作创新中存在的问题及对策研究. 科学管理研究，20（1）：69-72.

蒋玉宏，江洋. 2009. 创新环境运行机制研究综述. 科技与法律，78（2）：3-6.

李张珍. 2016. 产学研协同创新中的研用对接机制探析——基于美国北卡三角协同创新网络发展实践的考察. 高等工程教育研究，（1）：34-38.

刘芳. 2012. 社会资本对产学研合作知识转移绩效影响的实证研究. 研究与发展管理，24（1）：103-111.

刘力. 2001. 产学研合作的历史考察及比较研究. 浙江大学博士学位论文.

刘力. 2002a. 政府在产学研合作中的作用透视（上）——发达国家成功的经验. 教育发展研究，（1）：70-73.

刘力. 2002b. 政府在产学研合作中的作用透视（下）——发达国家成功的经验. 教育发展研究，（2）：48-51.

刘须群，陈星. 2002. 产学研合作问题研究综述. 江西社会科学，（12）：159-161.

刘志彪. 2018. 为高质量发展而竞争：地方政府竞争问题的新解析. 河海大学学报（哲学社会科学版），20（2）：1-6，89.

柳卸林，潘铁. 2008. 构建以企业为主体的产学研合作模式. 中国科技产业，（6）：54-59.

王成军，王沛民. 2005. 是“产学研”还是“官产学”. 高等工程教育研究，（1）：28- 33.

王成军，王肖肖，付祥云. 2018. 基于 CiteSpace 的三重螺旋研究热点分析与趋势展望. 演化与创新经济学评论，12（2）：46-58.

魏奇锋，顾新. 2011. 产学研知识联盟的知识共享研究. 科学管理研究，29（3）：89-93.

吴洁. 2007. 产学研合作中高校知识转移的超循环模型及作用研究. 研究与发展管理，19（4）：119-123.

张俊，李忠云. 2005. 论我国高校产学研结合运行机制的分类与评价. 中国科技信息，（19）：5，31.

赵渊，朱苏飞. 2008. 产学研合作中的大学定位和角色主体关系初探. 浙江传媒学院学报，16（1）：64-66.

周晓阳，王钰云. 2014. 产学研协同创新绩效评价文献综述. 科技管理研究，（11）：45-49.

Chen C. 2004. Searching for intellectual turning points：progressive knowledge domain visualization. Proceedings of the National Academy of Sciences of the United States of America，101（Suppl 1）：5303-5310.

Chen C. 2006. CiteSpace II：detecting and visualizing emerging trends and transient patterns in scientific literature. Journal of the American Society for Information Science and Technology，57（3）：359-377.

Etzkowitz H，Leydesdorff L. 1995. The triple helix of university-industry-government relations：a laboratory for knowledge based economic development. EASST Review，14（1）：14-19.

替代弹性、技术进步方式与技术进步偏向性[①]

油永华[②]

摘　要：以 2009~2015 年 921 家上市公司的财务报告数据为分析对象，估计资本、非技能劳动和技能劳动三要素之间的 Morishima 替代弹性（Morishima elasticity substitution，MES），测度技术进步要素间的偏向性。在考虑各种技术进步方式下，判定制造业技术进步的偏向。得出结论：各企业在不同技术进步方式下，技术进步要素偏向不同；对于制造业整体而言，在购买技术和"干中学"技术进步方式下，要素偏向性不明显；在研究开发技术进步方式下，要素偏向强弱顺序为非技能劳动、资本和技能劳动。资本密集型行业技术进步偏向非技能劳动；而劳动密集型行业技术进步基本偏向资本。

关键词：替代弹性　技术进步方式　技术进步偏向性　超越对数成本函数

中图分类号：F062

一、引　　言

技术进步促进宏观经济增长和企业绩效的提高是不争的事实，但在不同时期不同技术进步方式下，技术进步贡献大小以及对要素配置的影响存在一定差异，即使在同一技术进步方式下，技术进步对不同要素的生产率影响也存在一定的偏性趋势。从另一角度来说，要素替代弹性与要素价格变化和技术进步密切相关，技术进步演变路径以及动力源对要素结构和要素配置效率产生明显作用效果。本文主要分析资本、非技能劳动和技能劳动三要素替代弹性与技术进步的关系，主要从以下角度考虑：一是考虑在购买技术、"干中学"和研究开发三种技术进步方式下，替代弹性与技术进步偏向性的关系问题；二是基于企业微观数据分析并以工作性质和岗位将劳动划分为非技能劳动和技能劳动，便于分析不同劳动与资本的关系；三是从企业层面和制造业整体以及劳动密集型和资本密集型行业对比分析技术进步要素偏向性特征。

---

① 本文为山东省社会科学规划研究项目重点项目"供给侧改革：基于技术资本与技能劳动关系的视角"（17BJJJ06）的阶段成果；受山东政法学院青年学术创新团队基金资助。

② 油永华，男，经济学博士，齐鲁工业大学（山东省科学院）副教授，研究方向：技术进步、技术创新与经济增长。

二、文献综述和理论分析

希克斯（Hicks，1932）首次论述了替代弹性与技术进步的关系："任意两要素的投入相对比例的变化与相对价格的变化率的比值是替代弹性，反映要素相对价格变化对投入比例的影响强度，生产要素相对价格的变化是技术进步的激励因素，对特定类型的技术进步发明，偏向于节约已经变得相对昂贵要素的进步方向。"并在假设资本（K）、劳动（L）比例不变条件下，分析讨论了技术进步偏向性。将希克斯的技术进步分析与哈罗德（Harold，1949）提出的哈罗德技术中性及偏向性和索格（Solow，1964）提出的索洛技术中性及偏向性进行对比分析，如表 1 所示。

表 1　三种技术进步中性及偏向性判断比较表

技术进步类型	希克斯技术进步	哈罗德技术进步	索洛技术进步
假设	K/L 不变	K/Y 不变	L/Y 不变
资本偏向技术进步	MP_K/MP_L 提高	MP_K 提高	MP_L 提高
劳动偏向技术进步	MP_K/MP_L 降低	MP_K 降低	MP_L 降低
中性技术进步	MP_K/MP_L 不变	MP_K 不变	MP_L 不变

随后 David 和 van de Klundert（1965）对技术创新的有偏性进行深入分析，主要聚焦在要素价格的讨论方面，技术进步偏向性的原因分析不够深入。Acemoglu（2002）和 Kiley（1999）分别将垂直型技术创新和水平型技术创新加入内生经济增长模型，进而分析探讨有偏技术进步的内在机理。Acemoglu（2002，2003）分析得出投入要素的价格效应和市场规模效应共同决定了技术进步偏向性，前者是指投入要素 K 与 L 比例不变，K 与 L 价格比例降低，对要素 L 的技术创新的激励强度增加，技术进步偏向于 L；市场规模对要素 K 的创新激励增强，要素供给增加，投入要素 K 的生产率显著提高，技术进步偏向于 K。两者共同效应决定了最终要素的技术进步偏向，主要取决于两要素的替代关系。Klump 等（2007）采用标准化系统法测度美国技术进步方向，得出结论是技术进步表现为劳动增强型和资本偏向型，与 David 和 van de Klundert（1965）的结论存在差异的主要原因在于要素的替代弹性不同，弹性不同的原因又在于研究所用样本数据区间不一样，美国的技术进步方式发生着变化。Leon-Ledesma 等（2010）采用 Monte Carlo 模拟方法总结替代弹性的估计以及技术进步方向性测度的各种方法，也包含生产函数的具体选用和参数选择，得出标准化系统法结果较为稳健。王班班和齐绍洲（2014）基于要素替代弹性的框架分析探讨了技术进步的不同来源方式对能源强度的影响，选用考虑技术进步来源方式的超越对数成本函数，基于工业行业的数据得出各种技术进步来源方式下的要素偏向，得出有偏技术进步的要素替代效应是技术影响能源的主要渠道。郑猛等（2015）基于 30 个行业 10 年数据，选择包含技术进步偏向的 KLEM（capital、labor、energy、materials，资本、劳动、能源、物质）超越对数成本模型分析得出，除了劳动与能源为互补关系，其他投入要素之间为替代关系。

为了便于理论分析替代弹性与技术进步偏向之间的关系，采用生产函数为固定替代弹性（constant elasticity of substitution，CES）生产函数，仅考虑资本和劳动两种投入要素：

$$Y = A_t\left[\theta\left(A_t^{\mathrm{K}}K_t\right)^{\frac{\sigma-1}{\sigma}}+(1-\theta)\left(A_t^{\mathrm{L}}L_t\right)^{\frac{\sigma-1}{\sigma}}\right]^{\frac{\sigma}{\sigma-1}} \tag{1}$$

Y、K、L 分别为产出、资本和劳动，设定 A_t^{K} 和 A_t^{L} 均为指数型增长方式：$A_t^{\mathrm{K}} = A_0^{\mathrm{K}}\mathrm{e}^{\gamma_{\mathrm{K}}t}$；要素增强型技术进步增长率为 γ_{K} 和 γ_{L}，用 $\widehat{X}$ 表示 X 的增长率。也就是 $\widehat{A}_t^{\mathrm{K}} = \gamma_{\mathrm{K}}$，$\widehat{A}_t^{\mathrm{L}} = \gamma_{\mathrm{L}}$。

资本和劳动的边际产出分别为

$$\mathrm{MP_K} = \frac{\partial Y}{\partial K} = \theta\left(\frac{Y}{K}\right)^{1/\sigma}\bullet\left(A_tA_t^{\mathrm{K}}\right)^{\frac{\sigma-1}{\sigma}} \tag{2}$$

$$\mathrm{MP_L} = \frac{\partial Y}{\partial L} = (1-\theta)\left(\frac{Y}{L}\right)^{1/\sigma}\bullet\left(A_tA_t^{\mathrm{L}}\right)^{\frac{\sigma-1}{\sigma}} \tag{3}$$

两要素边际产出之比，即式（2）与式（3）之比：

$$\frac{\mathrm{MP_K}}{\mathrm{MP_L}} = \frac{\partial Y/\partial K}{\partial Y/\partial L} = \frac{\theta}{(1-\theta)}\left(\frac{L}{K}\right)^{1/\sigma}\bullet\left(\frac{A_t^{\mathrm{K}}}{A_t^{\mathrm{L}}}\right)^{\frac{\sigma-1}{\sigma}} \tag{4}$$

以时间代替技术的变化趋势，对边际产出比求导而得

$$\frac{\mathrm{d}\left(\mathrm{MP_K}/\mathrm{MP_L}\right)}{\mathrm{d}t} = \frac{\mathrm{MP_K}}{\mathrm{MP_L}}\left[\left(\frac{\sigma-1}{\sigma}\right)\frac{\mathrm{d}A_t^{\mathrm{K}}}{A_t^{\mathrm{K}}} - \frac{1}{\sigma}\frac{\mathrm{d}K}{K\mathrm{d}t} - \left(\frac{\sigma-1}{\sigma}\right)\frac{\mathrm{d}A_t^{\mathrm{L}}}{A_t^{\mathrm{L}}} + \frac{1}{\sigma}\frac{\mathrm{d}L}{L\mathrm{d}t}\right] \tag{5}$$

即

$$\frac{\mathrm{d}\left(\mathrm{MP_K}/\mathrm{MP_L}\right)}{\mathrm{d}t} = \frac{\sigma-1}{\sigma}\left(\widehat{A}_t^{\mathrm{K}} - \widehat{A}_t^{\mathrm{L}}\right) - \frac{1}{\sigma}\bullet\left(\widehat{\frac{K}{L}}\right) \tag{6}$$

希克斯技术进步偏向假设要素投入比例不变，即

$$\left(\widehat{\frac{K}{L}}\right) = \widehat{K} - \widehat{L} = 0$$

则

$$\frac{\mathrm{d}\left(\mathrm{MP_K}/\mathrm{MP_L}\right)}{\mathrm{d}t} = \frac{\sigma-1}{\sigma}\left(\widehat{A}_t^{\mathrm{K}} - \widehat{A}_t^{\mathrm{L}}\right) \tag{7}$$

边际产出之比的变化取决于要素增强型技术进步的增长率和替代弹性。

根据 Acemoglu（2002，2003）的理论分析，总结技术进步要素偏向及其与 MES 的关系，如表 2 所示。

表 2 技术进步偏向性及其与 MES 的关系

多要素关系	替代关系（$\mathrm{MES}_{ij}>0$）	互补关系（$\mathrm{MES}_{ij}<0$）
$\mathrm{Bias}_{ij}>0$	要素 i 相对增强，i 偏向	要素 i 相对增强，j 偏向
$\mathrm{Bias}_{ij}<0$	要素 j 相对增强，j 偏向	要素 j 相对增强，i 偏向

注：若 MES 等于 0，此时技术进步偏向性为 0，技术进步表现为希克斯中性

三、替代弹性估计和技术进步偏向性测度

（一）模型构建、估计和测度公式

技术进步按其来源方式可以分为以下三类。

一是购买技术，该方式的技术进步体现在所购买的先进设备仪器或生产线上，或者体现在从专业研发机构或其他企业购买的专利技术等无形资产上。购买的先进设备或者无形资产中蕴含着先进技术，会在一定程度上改变生产要素的投入比例，改变要素间替代弹性大小，并影响技术进步的方向。可以选择先进设备和无形资产的累计购进价值加总数为代理变量，符号为 gmlj。

二是"干中学"，强调学习效应和生产经营经验的自身积累在技术进步中的作用。技术和知识将以往的生产经验和经营技巧积累到以后的生产过程中，即为学习过程。生产者和销售者在具体工作时，熟练的操作和经营技巧形成经验，提高了生产和销售效率，从而改进产品质量，降低生产和销售成本，该类经验和技巧就是"干中学"型技术进步。具体形式为学习曲线形式：

$$\mathrm{jsh}_t(Y)=A_t\mathrm{e}^{g_t(Y)} \tag{8}$$

技术进步强度与生产销售数量或者产出价值的累计数密切相关，用营业收入的每年累加数与 2009 年的营业收入数的比例表示营业收入的累计增长率，即 $g_t(Y)$。

三是研究开发，包括技术开发者的专利研制、技术创新改进以及管理者管理手段等，表现为研发专利的成功、非专利技术的形成、技术的更新改进等，将转化为无形资产，此外，管理效率的提高形成领导力和威望等，显著提升企业的市场竞争力，是企业持续发展和赖以生存的保障。研究与开发的投入力度和方向定会影响技术进步的方向，可以用研发投入金额的累计数表示该类技术进步的强度，符号为 yflj。

技术进步偏向性测度的方法或模型较多，包括超越对数生产函数法、超越对数成本函数法、隐函数分解法和增长核算法等，考虑到在方法模型中引入技术进步的不同来源方式以及超越对数成本函数的较强包容性，选择超越对数成本函数法。Binswanger（1974）首次应用该方法测度技术进步偏向，随后樊茂清等（2009）广泛应用并进行改善，Baltagi 和 Rich（2005）考虑引入代理变量反映技术进步形式分析偏向性等。

考虑技术进步方式的超越对数成本函数为

$$\begin{aligned}\ln C=&\alpha_0+\sum_i\gamma_i\ln P_i+\sum_m\phi_m\ln\mathrm{jsh}_m+\gamma_y\ln y\\&+\ln y\sum_i\alpha_{yi}\ln P_i+\ln y\sum_m\phi_{ym}\ln\mathrm{jsh}_m+\phi_{mi}\sum_m\ln\mathrm{jsh}_m\bullet\sum_i\ln P_t\\&+\frac{1}{2}\gamma_{ij}\sum_i\ln P_i\sum_j\ln P_j+\frac{1}{2}\gamma_{yy}\ln y\ln y+\frac{1}{2}\phi_{mz}\sum_m\ln\mathrm{jsh}_m\bullet\sum_z\ln\mathrm{jsh}_z\end{aligned} \tag{9}$$

其中，C、y 和 P 分别为成本、产出和各要素价格；jsh_m 表示各种技术进步方式；$m=O,P,Q$，分别表示购买技术、干中学和研究开发；代理变量分别为 gmlj，$g_t(Y)$，yflj。

根据谢泼德引理，针对各要素的价格，对成本对数求导数，得到

$$\frac{\partial \ln C}{\partial \ln P_i}=S_i=\gamma_i+\frac{1}{2}\sum_j \gamma_{ij}\ln P_j+\gamma_{ii}\ln P_i+\alpha_{yi}\ln y+\phi_{mi}\sum_m \ln \text{jsh}_m \tag{10}$$

Allen（1938）首先提出 Allen 偏替代弹性（Allen elasticity of substitution，AES）概念，多要素生产函数表达一种投入要素价格变化导致另一种投入要素数量变动程度，Uzawa（1961）采用对偶理论，将生产函数变为成本函数，将 AES 的公式表示为

$$\text{AES}_{ij}=\frac{C(y,p)C_{ij}(y,p)}{C_i(y,p)C_j(y,p)}=\frac{1}{S_j}\bullet\frac{\partial \ln x_i(y,p)}{\partial \ln p_j} \tag{11}$$

Morishima（1967）提出两要素-单价格替代弹性形式，分析一种生产要素价格的变化对两种投入要素数量比例的影响，该弹性不是对称弹性。公式为

$$\text{MES}_{ij}=\frac{\partial \ln(x_i/x_j)}{\partial \ln p_j}=\frac{\partial \ln x_i(y,p)}{\partial \ln p_j}-\frac{\partial \ln x_j(y,p)}{\partial \ln p_j} \tag{12}$$

推导可得，偏替代弹性以及 MES 公式为

$$\text{AES}_{ij}=\frac{\sum_k X_k P_k}{X_i X_j}\cdot\frac{\partial C^2}{\partial P_j \partial P_i}=\frac{\sum_k X_k P_k}{X_i X_j}\cdot\frac{C}{P_i P_j}(\gamma_{ij}+S_i S_j)=\frac{1}{S_i S_j}\gamma_{ij}+1 \tag{13}$$

$$\text{MES}_{ij}=\frac{\partial \ln(C_i/C_j)}{\partial \ln(P_j/P_i)}=P_j\left(\frac{C_{ij}}{C_i}-\frac{C_{jj}}{C_j}\right)=S_j(\text{AES}_{ij}-\text{AES}_{jj}) \tag{14}$$

通过技术进步引起的产出变化率（即技术的产出弹性）可以判断技术进步的要素偏向性，针对成本函数，可用技术变化导致的要素份额变化率来表示。

$$\text{Bias}_i=\frac{\text{d}S_i}{\text{djsh}_m}\bullet\frac{1}{S_i}=\frac{\phi_{mi}}{S_i} \tag{15}$$

多要素情形下，任意两种要素相对技术偏向，可以表示为

$$\text{Bias}_{ij}=\text{Bias}_i-\text{Bias}_j=\frac{\text{d}S_i}{\text{djsh}_m}\bullet\frac{1}{S_i}-\frac{\text{d}S_j}{\text{djsh}_m}\bullet\frac{1}{S_j}=\frac{\phi_{mi}}{S_i}-\frac{\phi_{mj}}{S_j} \tag{16}$$

也可以由技术变化对两种投入要素比例的变化率来表示：

$$\frac{\partial \ln(X_i/X_j)}{\partial \ln \text{jsh}_m}=\frac{\partial \ln X_i}{\partial \ln \text{jsh}_m}-\frac{\partial \ln X_j}{\partial \ln \text{jsh}_m}=\frac{\phi_{mi}}{S_i}-\frac{\phi_{mj}}{S_j} \tag{17}$$

具体到某一种技术进步方式，不妨以购买技术为例，则

$$\frac{\partial \ln(X_i/X_j)}{\partial \ln \text{gmlj}}=\frac{\partial \ln X_i}{\partial \ln \text{gmlj}}-\frac{\partial \ln X_j}{\partial \ln \text{gmlj}}=\frac{\phi_{oi}}{S_i}-\frac{\phi_{oj}}{S_j} \tag{18}$$

在该种技术进步方式下，若 Bias_{ij} 大于 0，相对于投入要素 j，技术进步偏向要素 i；反之，若小于 0，相对于投入要素 i，技术进步偏向要素 j。

（二）样本、数据和指标

制造类企业的资本和劳动等投入相对稳定，技术进步具有渐进性，劳动的工作性质和岗位划分较为明显，易于划分为非技能劳动和技能劳动，便于估算替代弹性和探索其规律，选择制造业作为样本选择的对象。依据《国民经济行业分类》（GB/T 4754—2011），选择 C 类（制造业），截至 2015 年，沪深两市上市企业共计 1 655 家，选取年度为 2009~2015 年，这 7 年内上市公司均存在的企业为 965 家，去掉制造类二级行业分类中公司数较少行业并考虑分析典型行业，排除不符合要求的上市公司后剩余 921 家作为分析样本。

指标所用的数据主要来源于国泰安数据库、CCER 4.0 中国经济金融研究数据库中的《一般企业财务数据库》和《上市公司治理数据库》等，以及对样本的年度财务报告中的职工结构披露进行的手工收集汇总。

模型估计和替代弹性估计以及技术进步偏向性测度所用到指标及其计算汇总见表 3。

表 3　所用指标及其计算

符号	含义	基于会计核算的计算
y	产出	营业收入
K	资本投入	固定资产净值和无形资产净值（年初和年末平均数）
L	劳动投入	企业职工总数（年初和年末平均数）
N	非技能劳动投入	生产人员+销售人员
H	技能劳动投入	研发和技术人员+行政管理人员+财务人员
CK	资本成本	本期固定资产折旧和无形资产摊销
CL	劳动成本	支付给职工以及为职工支付的现金+应付职工薪酬增加数
CH	非技能劳动成本	销售费用中的工资薪酬和生产制造中的劳动成本
CN	技能劳动成本	CL−CH
r	资本成本率	CK/K
w_n	非技能工资率	CN/N
w_h	技能工资率	CH/H
gmlj		以 2009 年初各企业设备和无形资产净值为基础，逐步累计加入新购或新建设备价值和新购无形资产价值
$g_t(Y)$		营业收入的每年累加数与 2009 年的营业收入数的比例表示营业收入的累计增长率
yflj		以 2009 年研发投入金额为基数，每年新增研发投入金额累计加总

（三）似不相关回归模型计量分析

采用选择的 921 家制造企业的 2009~2015 年的财务报表数据作为分析对象，针对超越对数成本函数推导的成本份额方程式（10），对应三要素成本份额方程构建面板数据似不相关回归估计（seemingly unrelated regression estimation，SUR）模型，采用三阶段最小二乘法（three-stage least squares，3SLS）估计方法，运用 Stata 13.0 统计分析软件，估计结果见表 4。

表 4 基于 SUR 模型估计结果

变量	S_K	S_N	S_H
a	1.570 2*** (51.01)	−0.085 7*** (−2.61)	−0.484 5*** (−15.34)
$\ln r$	0.124 0*** (10.46)	−0.055 5*** (−8.33)	−0.068 5** (−1.96)
$\ln w_N$	−0.055 7*** (−14.11)	0.289 1*** (53.79)	−0.233 4*** (−44.24)
$\ln w_H$	−0.069 1*** (−15.25)	−0.231 2*** (−48.30)	0.300 3*** (67.27)
$\ln y$	0.012 8*** (13.08)	0.002 9*** (2.79)	−0.015 8*** (−15.89)
ln gmlj	0.010 7*** (12.45)	−0.006 8*** (−7.24)	−0.004 0**** (−4.55)
$g_t(Y)$	0.002 1*** (6.57)	−0.001 5*** (−4.37)	−0.000 6** (−1.81)
ln yflj	−0.003 8*** (−6.13)	0.001 3** (1.97)	0.002 5*** (3.90)
RMSE	0.128 8	0.141 4	0.131 5
Adj-R^2	0.427 5	0.317 2	0.500 1
Chi2	4 813***	2 996***	6 448***
Chi2（3）	4 883.94***		

***表示在 1%的显著性水平下显著；**表示在 5%的显著性水平下显著

从表 4 看出，RMSE 值均较小，可以看出样本的测量数据偏离真实值的程度较小，修正的可决系数较大，方程组的拟合度较高，每个方程的 Chi2 统计量在 1%的显著性水平下显著，整个方程组拟合很好，Chi2（3）的值为 4 883.94，在 1%的显著性水平下显著，拒绝了各方程的随机扰动项相互独立的原假设，SUR 系统估计可以提高估计的效率。除了三个常数和各回归系数的 t 检验均在 5%的显著性水平下显著，其余系数的 t 检验均在 1%的显著性水平下显著。各变量统计检验显著，适宜进行经济含义分析。$\sum_i \gamma_{ij}=0$，同时 $\sum_i \gamma_{ij}=0$，也就验证了要素需求函数的零次齐次性，γ_{ij}，γ_{ji} 两者基本相等，验证了系数的对称性性质的成立，在计算替代弹性时，考虑用其对称值的平均数。

根据回归的各系数，代入替代弹性计算公式［式（13）和式（14）］，可以计算 921 家企业每年的资本、非技能劳动和技能劳动的三种要素之间的 MES。根据式（16），可以计算各企业三种要素之间技术进步偏向性大小。

四、技术进步偏向结果分析

（一）企业层面结果分析

根据 SUR 模型估计成本份额方程得到的相关系数，估计在每种技术进步方式下，技术进步的要素偏向性。因估计系数的特殊的正负号关系，部分技术进步偏向性测度值明显为正或者为负，较容易判定。各企业三种技术进步方式下技术进步偏向测度值判定结果见表 5。

表 5　各企业三种技术进步方式下技术进步偏向测度值判定

技术进步方式及偏向性	$Bias_{KN}$	$Bias_{KH}$	$Bias_{NH}$
购买技术	$\frac{0.0107}{S_K}-\frac{-0.0068}{S_N}>0$	$\frac{0.0107}{S_K}-\frac{-0.0040}{S_H}>0$	$\frac{-0.0040}{S_N}-\frac{-0.0068}{S_H}$ 符号不确定
"干中学"	$\frac{0.0021}{S_K}-\frac{-0.0015}{S_N}>0$	$\frac{0.0021}{S_K}-\frac{-0.0006}{S_H}>0$	$\frac{-0.0015}{S_N}-\frac{-0.0006}{S_H}$ 符号不确定
研究开发	$\frac{-0.0038}{S_K}-\frac{0.0013}{S_N}<0$	$\frac{-0.0038}{S_K}-\frac{0.0025}{S_H}<0$	$\frac{0.0013}{S_N}-\frac{0.0025}{S_H}$ 符号不确定

从表 5 可以看出，资本与非技能劳动和资本与技能劳动的技术进步偏向性测度的符号已经能够判定。非技能劳动与技能劳动的技术进步偏向性还需要根据各企业各年度的成本份额计算确定。

针对资本与非技能劳动的技术进步相对偏向性，要素效率相对高低已经确定，主要根据两要素的 MES 判定技术进步偏向性，结果见表 6。

表 6　三种技术进步方式下资本与非技能劳动的技术进步相对偏向性判断

替代关系		替代（MES>0）	互补（MES<0）
观测到的样本个数		3 375	3 072
购买技术	$Bias_{KN}>0$	资本增强，资本偏向	资本增强，非技能劳动偏向
"干中学"	$Bias_{KN}<0$	非技能劳动增强，非技能劳动偏向	非技能劳动增强，资本偏向
研究开发	$Bias_{KN}<0$	非技能劳动增强，非技能劳动偏向	非技能劳动增强，资本偏向

从表 6 可以看出，MES>0，即两者为替代关系的企业样本数为 3 375 个，购买技术进步方式下，属于资本增强，技术进步资本偏向；MES<0，即两者为互补关系的企业样本数为 3 072 个，购买技术进步方式下，属于资本增强型，技术进步非技能劳动偏向，两类偏向性的样本数量差异不大。制造型企业，劳动密集型和资本密集型企业的数量相当，以及购买技术进步方式明显增加设备等固定资产和无形资产，均属于资本增长产生一定规模效应。另外两种技术进步方式下，企业样本均表现为非技能劳动的增强，非技能劳动偏向和资本偏向的企业样本数量相当。非技能劳动者通过"干中学"积累一定的经验和技巧，最终体现在非技能劳动者的报酬提高上，相对企业来说，人工成本的增加，突显出非技能劳动的规模效应。

同理，针对资本与技能劳动的技术进步偏向性关系，要素效率相对高低已经确定，主要根据两要素的替代弹性判定技术进步偏向性，分析结果见表 7。

表 7 三种技术进步方式下资本与技能劳动的技术进步相对偏向性判断

替代关系		替代（MES>0）	互补（MES<0）
观测样本个数		303	6 144
购买技术	$Bias_{KH}>0$	资本增强，资本偏向	资本增强，技能劳动偏向
“干中学”	$Bias_{KH}<0$	技能劳动增强，技能劳动偏向	技能劳动增强，资本偏向
研究开发	$Bias_{KH}<0$	技能劳动增强，技能劳动偏向	技能劳动增强，资本偏向

从表 7 可以看出，MES>0，即两者为替代关系的企业样本数为 303 个，购买技术进步方式下，属于资本增强，技术进步资本偏向；MES<0，即两者为互补关系的企业样本数为 6 144 个，购买技术进步方式下，属于资本增强，技术进步技能劳动偏向，所占观测样本的比例超过 95%。购买技术显然导致资本增强，因资本与技能劳动的互补关系，技能劳动提高，进而成本增长。在“干中学”和研究开发两种技术进步方式下，95%的企业属于技能劳动增强，产生一定规模效应，相对于技能劳动而言，技术进步更朝向资本偏向。

劳动之间的技术进步相对偏向性的判断，与其他两类判断存在明显区别，非技能劳动与技能劳动的 MES 为负值，两者之间是互补关系，技术进步偏向性判断主要取决于要素效率的相对高低，不同类型技术进步方式下，要素效率高低的样本数存在差异，统计样本数量并分析其偏向性结果，见表 8。

表 8 三种技术进步方式下劳动之间的技术进步相对偏向性判断

技术进步方式			购买技术	“干中学”	研究开发
观测样本个数	$Bias_{NH}>0$	非技能劳动增强，技能劳动偏向	3 365	2 208	5 721
	$Bias_{NH}<0$	技能劳动增强，非技能劳动偏向	3 082	4 239	726
	观测样本个数合计		6 447	6 447	6 447

从表 8 可以看出，购买技术进步方式下，3 365 个观测样本企业属于非技能劳动增强，产生规模效应，技术进步朝着技能劳动偏向。3 082 个观测样本企业属于技能劳动增强，非技能劳动偏向，两者样本数量个数相当，购买技术导致该结果的原因在于，区分技术购买的是属于先进设备等，还是属于专利技术以及软件的更新等，前者导致非技能劳动的需求增加，产生规模效应，需要技能劳动的引进；而后者会引起技能劳动的规模效应，冲击非技能劳动者的供给，产生非技能劳动要素昂贵的偏向错觉。“干中学”技术进步方式下，大约三分之二的观测样本属于技能劳动促进生产的规模效应发挥，并表现为明显的非技能劳动偏向，非技能劳动者更能通过经验积累和学习提升其效率。研究开发技术进步方式下，接近 90%的观测样本表现为非技能劳动相对增强，但是朝着技能劳动要素的偏向，研发投入和研发人员增加促进技术朝向技能劳动偏向前进。

（二）制造业整体层面结果分析

对于包含 7 年数据的整个制造业行业，将各公司的投入要素加总、投入要素成本加总，计算成本份额，并将 SUR 系数代入技术进步偏向性公式，得到各种技术进步方式下，整个制造业的技术进步偏向性，见表 9。

表 9　制造业整体各种技术进步的偏向性

要素之间		*K-N*	*K-H*	*N-H*
Bias	购买技术	0.069 9	0.066 9	−0.003 0
	“干中学”	0.014 2	0.012 7	−0.001 5
	研究开发	−0.022 6	−0.027 1	−0.004 5
MES		0.086 8	−0.259 6	−0.400 0

结合对应要素的替代弹性的关系，可以看出，购买技术进步方式下，资本增强（0.069 9>0），相对于非技能劳动，要素间存在替代关系，存在技术进步资本偏向；相对于技能劳动效率，资本效率也是增强（0.066 9>0），要素之间为互补关系（MES<0），存在技术进步技能劳动偏向；非技能劳动与技能劳动替代弹性和效率之差均为负数，存在技能劳动增强，非技能劳动偏向。“干中学”技术进步方式下，要素效率的增强以及技术进步偏向性，与购买技术进步方式相当。研究开发技术进步方式下，相对于资本，技术进步偏向于非技能劳动；相对于技能劳动，技术进步偏向于资本；相对于技能劳动，该类技术进步偏向于非技能劳动，该技术进步方式下，技术进步偏向的由强到弱顺序是非技能劳动、资本和技能劳动。

针对整个制造行业，将每个企业每年的投入要素和要素成本进行加总，然后结合 SUR 系数，估计每年每类技术进步方式的技术进步偏向性程度，见表 10。

表 10　整体制造行业各技术进步偏向性每年变化趋势

年份	$Bias_{KN}^{O}$	$Bias_{KH}^{O}$	$Bias_{NH}^{O}$	$Bias_{KN}^{P}$	$Bias_{KH}^{P}$	$Bias_{NH}^{P}$	$Bias_{KN}^{Q}$	$Bias_{KH}^{Q}$	$Bias_{NH}^{Q}$
2009	0.065 9	0.063 0	−0.002 9	0.013 4	0.011 9	−0.001 5	−0.021 1	−0.025 8	−0.004 6
2010	0.067 8	0.064 2	−0.003 6	0.013 8	0.012 2	−0.001 6	−0.021 8	−0.026 1	−0.004 3
2011	0.069 2	0.066 4	−0.002 8	0.014 0	0.012 6	−0.001 4	−0.022 4	−0.026 9	−0.004 6
2012	0.068 5	0.066 2	−0.002 3	0.013 9	0.012 5	−0.001 4	−0.022 2	−0.027 0	−0.004 8
2013	0.071 2	0.068 3	−0.002 9	0.014 4	0.013 0	−0.001 5	−0.023 1	−0.027 6	−0.004 5
2014	0.072 2	0.068 9	−0.003 3	0.014 6	0.013 1	−0.001 5	−0.023 4	−0.027 7	−0.004 3
2015	0.072 0	0.068 9	−0.003 1	0.014 6	0.013 1	−0.001 5	−0.023 4	−0.027 7	−0.004 4

先不考虑三种技术进步方式下的劳动之间的相对偏向性。购买技术和“干中学”技术进步方式下，资本与非技能劳动，以及资本与技能劳动的技术进步偏向性呈现增加的趋势，相对于非技能劳动，资本偏向性在增强；相对于资本，技能劳动偏向性在增强。研究开发技术进步方式下，各技术进步偏向性绝对值在增加，相对于资本，技术进步的非技能劳动偏向性在增强；相对于技能劳动，资本偏向性也在增强。劳动之间的相对偏向性呈现出不稳定的波动趋势。

（三）劳动密集型行业和资本密集型行业技术进步偏向比较分析

分析劳动密集型行业和资本密集型行业的技术进步偏向性的发展趋势，进一步探索和分析技术进步中性回归规律，选择典型的两类要素密集型代表性行业，分析其七年的发展变化。选择的典型劳动密集型行业是食品加工、纺织服装和造纸三个行业，相应的技术进步偏向性图标中分别标注为 1、2 和 3。估计得到，各年三行业的资本与非技能劳动之间是替代关系，资本与技能劳动以及劳动之间均是互补关系。三种技术进步方式下，三类技术进步偏向性测度值的变化见图 1~图 4。

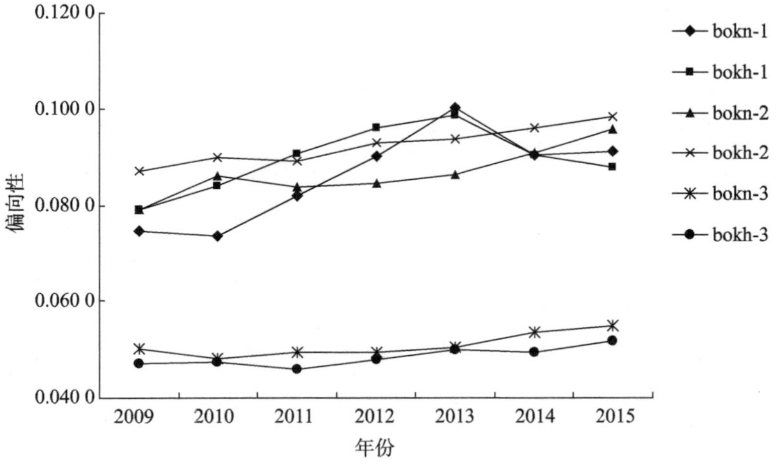

图 1　劳动密集型三个行业的资本与两类劳动偏向性变化趋势

图中 bokn 含义是在购买进步（O）技术进步方式下资本（K）与非技能劳动（N）的偏向性测度值。P 表示“干中学”技术进步方式，Q 表示研究开发技术进步方式，H 表示技能劳动，若后有数字代表具体行业。以下图表中含义类似，不再说明

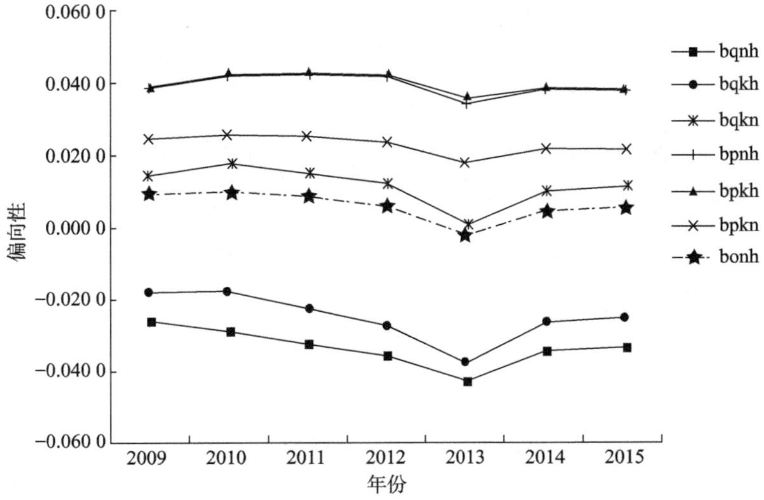

图 2　劳动密集型行业要素间技术偏向性变化趋势-1：食品加工

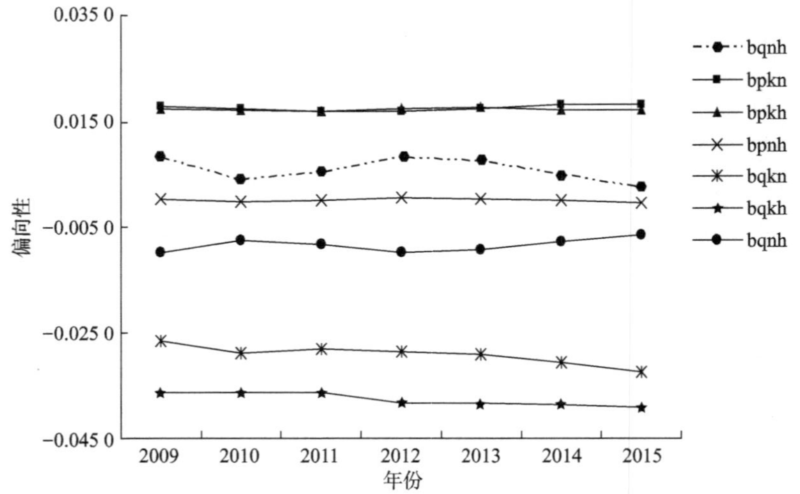

图 3　劳动密集型行业要素间技术偏向性变化趋势-2：纺织服装

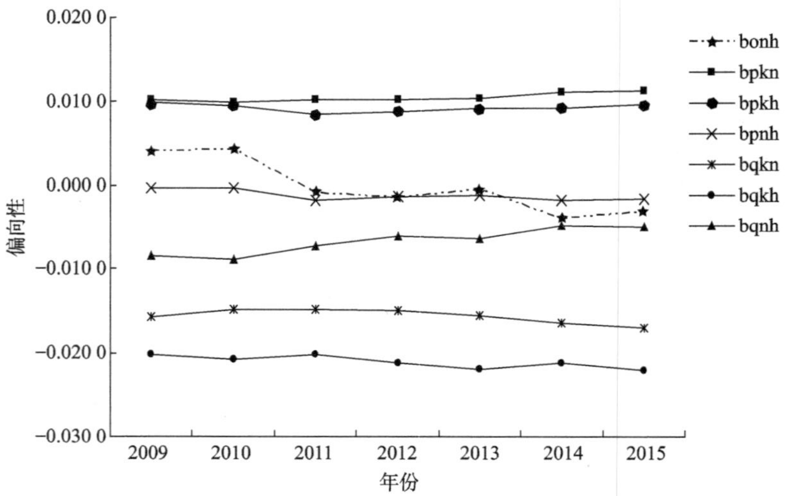

图 4　劳动密集型行业要素间技术偏向性变化趋势-3：造纸

据图 1~图 4，观测三种技术进步方式下，三类要素之间偏向性测度的变化趋势，汇总其间的规律性，如表 11 所示。

表 11　劳动密集型企业技术进步要素偏向性结果汇总

方式	对比要素	MES	偏向值	变化趋势	偏向要素	偏向关系图
购买技术和“干中学”	*K-N*	>0	>0	增强	*K*	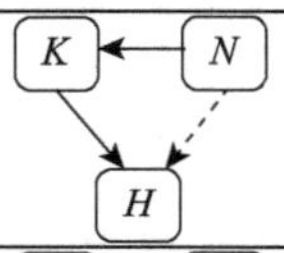
	K-H	<0	>0	增强	*H*	
	N-H	<0	—	减弱	—	
研究开发	*K-N*	>0	>0	增强	*K*	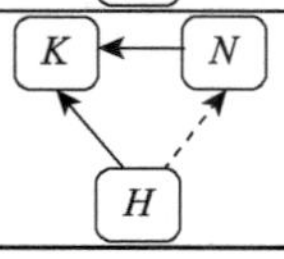
	K-H	<0	<0	增强	*K*	
	N-H	<0	<0	减弱	*N*	

注：偏向关系图中实线表示幅度较大，虚线表示幅度较小

根据表 11 汇总结果可得，针对劳动密集型行业，购买技术和“干中学”技术进步方式下，相对于非技能劳动，技术进步资本偏向，并且该偏向表现为增强趋势；相对于资本，技术进步偏向技能劳动，呈逐年较小幅度增强趋势；相对于非技能劳动，技能劳动偏向，但是造纸行业表现不明显，并且该偏向呈减弱趋势，可以看出，技术进步偏向性轨迹是向着资本偏向性方向发展并逐年加强，向着技能劳动提升推进，此时表现出技术中性回归的现象和趋势。

在研究开发技术进步方式下，相对于两类劳动，技术进步偏向于资本，两种偏向资本均呈增强趋势；相对于技能劳动，技术进步偏向非技能劳动，表现为减弱趋势，得出技术进步向着中性回归趋势发展。

选择的典型资本密集型行业是通用设备制造、专用设备制造和交通运输设备制造三个行业，相应的技术进步偏向性图标中分别标注为 4、5 和 6。估计 MES 能得到，各年三行业的三种要素之间是互补关系。三种技术进步方式下，三类技术进步偏向性测度值的变化见图 5~图 8。

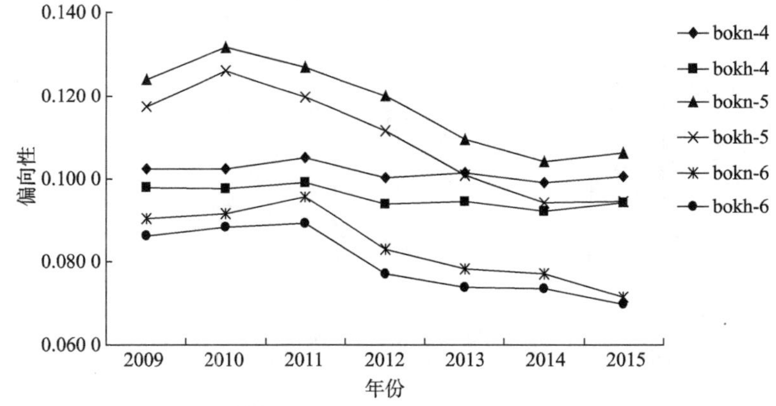

图 5　资本密集型三个行业资本与两类劳动偏向性变化趋势

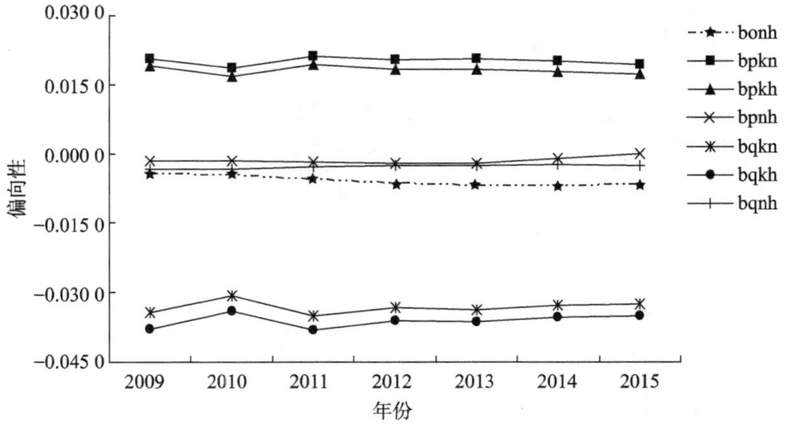

图 6　资本密集型行业要素间技术偏向性变化趋势-4：通用设备制造

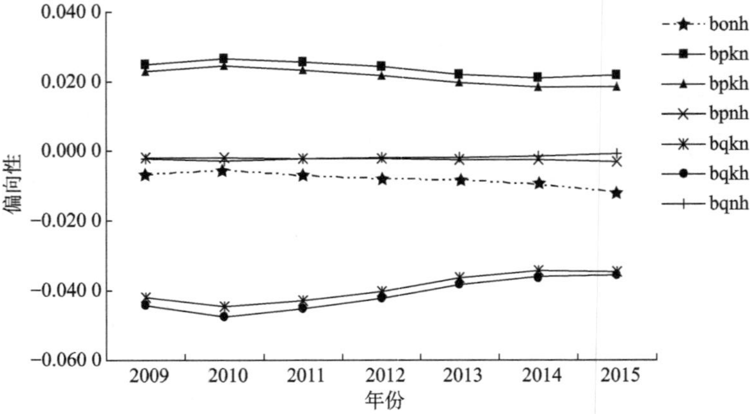

图 7　资本密集型行业要素间技术偏向性变化趋势-5：专用设备制造

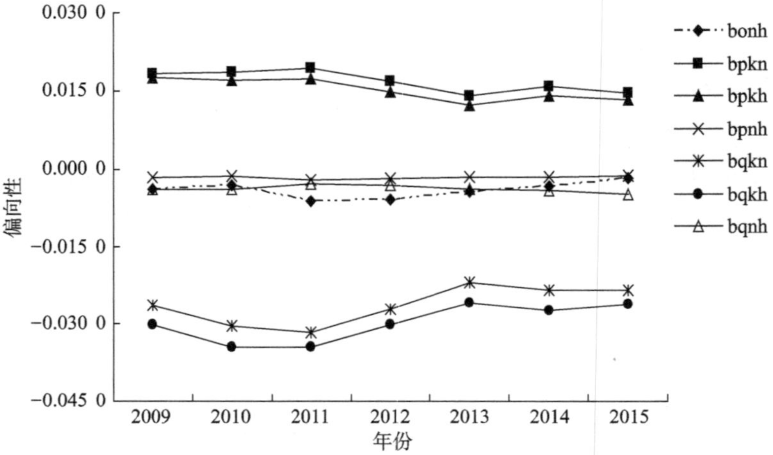

图 8　资本密集型行业要素间技术偏向性变化趋势-6：交通运输设备制造

根据图 5~图 8，观测三种技术进步方式下，三类要素之间偏向性测度的变化趋势，汇总其间的规律性，如表 12 所示。

表 12　资本密集型企业技术进步要素偏向性结果汇总

方式	对比要素	MES	偏向值	变化趋势	偏向要素	偏向关系图
购买技术和“干中学”	*K-N*	<0	>0	减弱	*N*	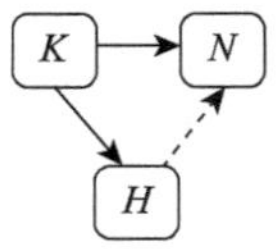
	K-H	<0	>0	减弱	*H*	
	N-H	<0	<0	增强值小	*N*	
研究开发	*K-N*	<0	>0	减弱	*N*	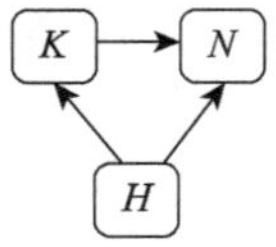
	K-H	<0	<0	减弱	*K*	
	N-H	<0	<0	增强值小	*N*	

根据表 12 汇总结果可得，针对资本密集型行业，购买技术和“干中学”技术进步方式下，相对于资本，技术进步非技能劳动偏向，该偏向表现为减弱趋势；相对于资本，技术进步偏向技能劳动，表现为逐年较小幅度减弱趋势；相对于技能劳动，技术进步非技能劳动偏向，可以看出，技术进步偏向性轨迹是，朝着非技能劳动偏向性方向发展并逐年减弱，存在较小幅度的技能劳动偏向趋势，明显表现出技术中性回归的现象和趋势。在研究开发技术进步方式下，相对于资本，技术进步偏向非技能劳动；相对于技能劳动，技术进步也偏向非技能劳动，均表现为减弱趋势，但相对于技能劳动，技术进步偏向于资本，表现为逐年较小幅度增加趋势，可以看出，资本密集型行业的技术进步也朝着技术中性回归的趋势发展。

五、结　　论

本文测度了技术偏向性，主要分析了在各种技术进步方式下，替代弹性与技术进步偏向性之间的相互关系。具体为考虑替代弹性与技术进步偏向关系理论分析，考虑技术进步三种方式下构建替代弹性估计与技术进步偏向性测度模型，并基于 SUR 模型计量回归分析得出结果，判定三要素偏向性关系及其顺序。

各企业在不同技术进步方式下，技术进步要素偏向不同。制造业整体，购买技术和“干中学”技术进步方式下技术进步要素偏向性不明显，研究开发技术进步方式下技术进步要素偏向强弱顺序为非技能劳动、资本和技能劳动。劳动密集型行业和资本密集型行业对比：资本密集型行业朝着劳动技术进步偏向性方向发展，并存在向非技能劳动偏移趋势；而劳动密集型行业基本朝着资本偏向性技术进步，即存在技术进步中性回归趋势。

参 考 文 献

樊茂清，任若恩，陈高才. 2009. 技术变化、要素替代和贸易对能源强度影响的实证研究. 经济学（季刊），9（1）：237-258.

王班班，齐绍洲. 2014. 有偏技术进步、要素替代与中国工业能源强度. 经济研究，（2）：115-127.

郑猛，杨先明，李波. 2015. 有偏技术进步、要素替代与中国制造业成本——基于 30 个行业面板数据的研究. 当代财经，（2）：85-96.

Acemoglu D. 2002. Directed technical change. The Review of Economic Studies，69（4）：781-809.

Acemoglu D. 2003. Labor-and capital-augmenting technical change. Journal of the European Economic Association，1（1）：1-37.

Allen R G D. 1938. Mathematical Analysis for Economists. London：Macmillan.

Baltagi H，Rich D P. 2005. Skill-biased technical change in US manufacturing：a general index approach. Journal of Econometrics，126（2）：549-570.

Binswanger H P.1974. A Microeconomic approach to induced innovation. The Economic Journal，84（336）：

940-958.

David P A，van de Klundert T. 1965. Biased efficiency growth and capital-labor substitution in the U.S.，1899-1960. The American Economic Review，55（3）：357-394.

Harold R F. 1949. Dynamic Economics. Cambridge：Harvard University Press.

Hicks J R. 1932. The Theory of Wages. London：Macmillan.

Kiley M T. 1999. Computers and growth with cost of adjustment：will the future look like the past? Finance and Economics Discussion，（1）：36-65.

Klump R，McAdam P，Willman A. 2007. Factor substitution and factor-augmenting technical progress in the United States：a normalized supply-side system approach. The Review of Economics and Statistics，89（1）：183-192.

Leon-Ledesma M，McAdam P，Willman A. 2010. Identifying the elasticity of substitution with biased technical change. The American Economic Review，100（4）：1330-1357.

Morishima M. 1967. A few suggestions on the theory of elasticity. Keizai Hyoron，（16）：144-150.

Solow R W. 1964. Capital，Labor and Income in Manufacturing. Princeton：Princeton University Press.

Uzawa H. 1961. Neutral investment and the stability of growth equilibrium. The Review of Economic Studies，28（2）：117-124.

基于强互惠理论的自创生社会系统研究框架探讨[1]

王覃刚[2]　冀红梅[3]

摘　要： 通过引入强互惠概念，建构以制度为基本单位的社会系统，使得对社会系统的静态均衡实现以及制度自创生（autopoiesis）的动态过程两个方面的制度演化研究能获得更清晰的观察和更明确的演化路径整理。强互惠结构对于社会系统的稳定以及有效的制度自创生起着重要的结构机制作用。一方面，对于被社会系统认同的共享意义基础上的制度结构实施制度性维持，由此动员起足够的系统资源以确保社会运行的效率；另一方面，促进社会系统获取系统环境的信息流动，经由系统识别，加大系统演化与环境发展的协调性，从而事实上在发展中稳定社会系统。此基础研究开辟了一条通过控制社会系统中的强互惠结构这样的中间变量来实现对社会制度演化的深入探究进而有效把控的可能路径。

关键词： 制度　强互惠　自创生　社会系统

中图分类号： F091

一、引　言

Luhmann 是在 Parsons 的结构功能主义的社会系统理论基础上，将 H. Maturana 和 F. Varela 于 1974 年提出的解释生命本性的理论范式——自创生移植到社会学中，建构了以沟通为基本要素的、功能分化的、自我指涉的自治社会系统论（Luhmann，1995）。Luhmann 将社会系统理解为自我指涉、封闭、自创生的系统，并发挥了 Parsons 的"交互偶变性"概念，将沟通视为社会系统的基本要素，即不可分割的最小单位。在 Luhmann 看来，社会系统是一种在一个封闭循环的过程中不断地由沟通制造出沟通的自创生系统，在生产和再生产自身的元素时，其只会指涉自身，并且在操作上是封闭的。

在 Luhmann 的体系中，当代西方社会被理解为功能分化的社会，每个社会分化成政

---

① 基金项目：国家社会科学基金一般项目（项目编号：18BSH096）；湖北省教育厅人文社会科学重点研究项目（项目编号：15D038）。

② 王覃刚，男，湖北武汉人，经济学博士，武汉工程大学法商学院副教授，研究方向：制度经济学与制度演化。

③ 冀红梅，女，辽宁阜新人，博士，湖北工程学院经济管理学院讲师，研究方向：财政与公共政策。

治、经济、法律、科学、教育、宗教、家庭等诸多功能性子系统，这些功能性子系统一方面为全社会履行着自己特有的、无法互相替代的功能，另一方面又是自创生的社会系统，它们既相互高度独立，又相互高度依赖；系统与环境之间的关系，是一种结构性联系的关系（Kneer and Nassehi，1993）。这样的界说表现出强烈的 Parsons 式的结构功能主义特征。然而，任何社会实存都不必然首先以其系统功能来对外呈现自我，或者说那些被观察到的系统功能性行为并非其主体性的有意识的选择结果。在功能性系统时空内，那些社会实存，或者准确说是功能系统实存，是去个体性的，主体性以及主体间性都被系统功能性行为以及行为结构所遮蔽，个体在现成的系统结构中，无须是有意识的。这样的界说，事实上背离了之前关于交互主观的结构性解释，而成为后现代意义的行为主义逻辑。在 Luhmann 看来，社会秩序的维持并非在于人与人、系统与系统之间的理解或制裁，而在于交互双方如何接受彼此的选择而限制自己进一步的选择行为，也就是如何针对对方的选择来调适自己的行为。我们认为，在社会系统中至少需要借助某种主观性的介入或者类似主观性的结构性功能的介入，以实现系统运作的低成本化路径，强互惠扩展理论（王覃刚，2007）为这样的思径取向提供了可能。

Luhmann 从组织行为的视角对社会系统进行考察，与 Habermas 的交往理性的方法论个体主义研究形成了明显的理论冲突。而当我们希望坚守对平等、正义等共享意义的传统价值评判时，这两种理论逻辑可以合理统一在对社会系统结构的重新表述之中。

二、自创生社会系统结构的重新表述

系统是若干相互联系、相互作用、相互依赖的要素结合而成的，具有特定结构和功能，并处在一定环境下的有机整体。同时这个有机整体构成其从属的更大复杂性系统的部分。相对于自然系统而言，社会系统是由社会中相互联系的个体以及个体之间经济、政治、文化等结构关系键构成的复杂性系统，这样的结构关系键在 Luhmann 的社会系统理论中被表述为“沟通”，这是其系统结构中的基本单位（Luhmann，1995），并完成系统有机结构建构。因此，Luhmann 的社会系统与 Parsons 的最大区别在于，对社会的分析不是基于社会行为的简单集合，而是基于行为之间的交互作用（Leydesdorff，2000），这样的社会系统表现为一个功能分化的自创生系统。我们认为，自创生的社会系统研究应该基于社会整体的观察，因此有必要突破 Luhmann 的功能性系统结构理论体系，进行重新表述。

第一，关于社会系统构成的重述。社会系统（S）可以划分为功能性亚系统（FS）、非功能性亚系统（NFS）。功能性亚系统是以法律意义上的社会存续和社会功能运行为特征的结构体；而非功能性亚系统，意指 Husserl 提出的“生活世界”，也可表述为生活系统。这样的结构分化虽类似于 Habermas 的系统-“生活世界”的双层架构（Habermas，1989），但在对立的逻辑上更偏重统一性。这两个系统以自我指涉为基本特征、以沟通为基本单位，共同构成一个整体的社会系统结构。这个整体并非仅为简单加总式的总体，而是呈现出结构性的相互作用与融合，所以可用一种函数的方式来表达：$S=S(\mathrm{FS},\mathrm{NFS})$。功能性亚系统与非功能性亚系统在结构上相互提供支持或者干扰各自运作的环境因子。

功能性亚系统包括了社会功能的生产性和服务性各类子系统，履行着明确的社会化功能，涵盖了政治、经济、社会、法律等所有组织和机构。这种归纳并没有包括 Luhmann 的社会系统论中的家庭子系统。我们认为，社会功能系统体现的应该是一种超越以血亲姻亲为基础的群体内关系的社会性的演化结果，当群体以分工意义上的行为结构组合启动社会化进程之后，家庭系统的原有的交易性生产职能逐渐衰减，尤其是在以货币流替代实物成为社会交往中行为的主要标识体系后，家庭系统退出功能系统回归“生活世界”的非功能系统就是演化的方向。用经济学的语言来表述就是，以取得货币性收入为目的的行为以及行为组合才构成功能性系统，而货币性收入是其行为或行为组合具有社会性功能的社会认同。个体进入功能系统的目的单纯指向取得货币性收入，但这并不妨碍经由各子系统结构出来的行为结果的社会化功能表现。个体如此选择其行为方式的代价是，放弃个体性，或者至少是在激励相容状态下的行为模式化，即在各功能性子系统中的个体获得认同的并不是基于个体理性的行为选择，而是依据各子系统制度结构的要求完成指定的制度性行为，于是个体身份事实上被子系统的制度性符号所替代。我们认为，当我们用制度概念取代 Luhmann 的“沟通”后，依然达成了与其行为概念的去个体化（de-individualized）（Luhmann，1983）的表述一致的思径取向。

个体性的缺失事实上对功能系统中行为的个体造成一种紧张感和失落感，他们在功能系统的行为本身并非其个体性自我的意识呈现，于是他们需要在功能系统之外的时空实现个体性的回归以舒缓这种感受，一种结构性安排即非功能性亚系统，为出离功能性系统从而卸下制度性角色面具回归本体提供了可能。非功能性亚系统概念是“生活世界”的系统性表述，其与功能性亚系统一起互补性地构成完整的社会系统。我们认为，并非所有社会子系统都需要对外呈现其功能特征，生活系统在简单的生物功能以外就应该可以被视为无须功能特征标识，为个体提供可以暂时摆脱冗繁的结构功能主义思维与行动，乃至放下工具理性的合理空间。生活系统较之功能系统包含更多的个体，除去那些没有进入功能系统和已经退出功能系统的个体以外，两个亚系统中充斥着的个体仅从物理学意义来观察其实是具有同一性的，只是存在行为的功能制度性和个体意识性的差别。生活系统在时空上并不具备完全的独立性，其与功能系统在时空上是交错的，从而形成系统的复杂性，严格来说，只有针对某个特定的个体在某个特定的时空点才面临非此即彼的两类系统归属选择，同时这种时空交错还体现在功能系统为生活系统的社会存在持续提供功能性手段，以降低元意义生活系统的交易成本。非功能系统，即生活系统，首先为功能系统输送工具理性行为的个体，并为出离功能系统的个体提供个体性回归的时空承接，其次为个性张扬的个体之间的交往整理社会性秩序的理性体系，最终以道德体系的方式构建社会文化。我们认为，这样的表述与 Habermas 的文化–社会–个性的生活世界三大结构要素理论（万勇华，2006）是一致的，我们只是在其逻辑行程上重新呈现了个性–社会–文化三个层次。

第二，关于社会系统基本单位的重述。个体不是构成社会系统的基本单位，因为个体频繁游走于功能系统和生活系统之间，个体的情境理性导致其在不同的场景中呈现出不同的行为逻辑，于是社会系统将无法在方法论个体主义的语境中实现整合。Luhmann体悟到以行动的交互关系的“沟通”为社会系统的基础单位。Luhmann将沟通行为明确定义为信息（information）、告知（message）和理解（understanding）的联合体（Leydesdorff，2000；Luhmann，1986）。然而Luhmann拓展了Parsons提出的交互偶变性概念，对“沟通”采用了一种带有后现代意味的行为主义解释，“沟通”被表述为在一个无限可能性的视域中进行选择，因此，拒绝、故意曲解、不做反应或是以替代行为来对待对方的建议都是可能的（丁东红，2005）。于是社会（沟通）系统就不是意识系统，而是意识系统互动中突生出来的系统（肖文明，2008）。

我们认为，在这样的社会系统中，其交易费用将是很大的，大量的资源被消耗在失败的沟通中，那些为促进沟通的成功达成的创新行为即可获取巨额租金，竞争导致系统倾向于消灭各种失败沟通的内耗。单纯的交互偶变性是一种无序的制度选择逻辑，事实上社会系统中的制度结构之间的制度性互动，虽然需要借助某种类似自然选择力量的筛选和确认，但现存的制度结构本身已经为这样的选择设定了有序的安排。于是，制度就有可能替代沟通，将社会系统引导为一种低成本的有序结构的选择。同时，我们也注意到，功能系统中建构沟通联系的去个体性的行为实为制度性行为，或可直接表述为沟通的载体是制度性行为，因此行为的本源性联系是制度，制度以秩序化的方式在结构性的网络中实现制度意义的沟通和演化。这样的沟通和演化更有可能实现节约成本的动态均衡。以制度替代沟通成为功能系统中的基本单位，并不与Luhmann的沟通理论的本意相冲突，但却有效弥合了耦合性去个体性与个体行为理性之间的矛盾，并且为社会系统引入均衡观创造了条件，为系统的功能分化和自创生提供了可能。我们认为，功能系统 FS 由 n 个功能子系统 a 构成，即 $\mathrm{FS}=\mathrm{FS}(a_1,a_2,\cdots,a_n)$，其中功能子系统 $a_i=f\left(\alpha_1^{(i)},\alpha_2^{(i)},\cdots,\alpha_k^{(i)};\beta_1^{(i)},\beta_2^{(i)},\cdots,\beta_h^{(i)};u\right)$，$\left(\alpha_1^{(i)},\alpha_2^{(i)},\cdots,\alpha_k^{(i)}\right)$ 为第 i 个功能子系统的制度结构；$\left(\beta_1^{(i)},\beta_2^{(i)},\cdots,\beta_h^{(i)}\right)$ 为第 i 个功能子系统的制度环境。其中 $h=n-1$，$\beta_1^{(1)}=a_{-1}^{(1)}=\left(a_2^{(1)},a_3^{(1)},\cdots,a_n^{(1)}\right)$，即 $\beta_j^{(i)}=a_{-i}^{(j)}$，$\beta_j^{(i)}$ 为第 i 个功能子系统 a_i 中的第 j 个制度环境因子，是由 $a_{-i}^{(j)}$ 即除去第 i 个功能子系统 a_i 自身以外其他功能子系统构成的第 j 项制度环境因子；u 为非功能系统 NFS 构成的随机扰动项，扰动方式表现为个体性的外部性。

在个性-社会-文化三个逻辑层次上构成的非功能系统即生活系统中，个体或个体性同样并不表现为系统的基本单位。尽管个体在出离功能系统以后，在生活系统中实现了某种意义上的个体性回归，但基于社会性存在的考虑，我们认为，个体呈现出来的行动仍然受制于一个制度结构，但这样的制度结构区别于功能系统的制度机构，增加了非正式制度元素，即这种受制状态，一方面表现为受制于功能系统的社会功能的正式制度，另一方面则是受制于习俗、道德、文化等非正式制度。因此，那些被社会意义呈现出来的个体行动并不能完全由自由的、毫无顾忌的、纯粹的个体理性来解释。那么，构成生活系统的基本单位仍然是经由个性-社会-文化三个逻辑层次在功能系统的系统环境下相互作用生发的制度安排。这些制度安排有机地构成一个制度结构的复杂系统，生活系统中的那些有意义的个体行动被这样的结构系统有序地规制着。我们认为，非功能系统 NFS 由 h 组 $\left(\mathrm{pe}_j,\mathrm{so}_j,\mathrm{cu}_j\right)$ 个性-社会-文化三个逻辑层次构成，每一个逻辑层次由 m 个制度安排 δ 来表达，即

$$\begin{cases}\mathrm{pe}_j=\mathrm{pe}\left(\delta_1^{(j)},\delta_2^{(j)},\cdots,\delta_m^{(j)};a_1^{(j)},a_2^{(j)},\cdots,a_n^{(j)};\rho_j;u\right)\\ \mathrm{so}_j=\mathrm{so}\left(\delta_1^{(j)},\delta_2^{(j)},\cdots,\delta_m^{(j)};a_1^{(j)},a_2^{(j)},\cdots,a_n^{(j)};\mathrm{pe}_j;\rho_j;u\right)\\ \mathrm{cu}_j=\mathrm{cu}\left(\delta_1^{(j)},\delta_2^{(j)},\cdots,\delta_m^{(j)};a_1^{(j)},a_2^{(j)},\cdots,a_n^{(j)};\mathrm{pe}_j;\mathrm{so}_j;\rho_j;u\right)\end{cases}$$

其中，第 j 组的逻辑层次中，pe_j 为 so_j 的构成因子，pe_j 及 so_j 共同成为 cu_j 的构成因子；$\left(a_1^{(j)},a_2^{(j)},\cdots,a_n^{(j)}\right)$ 为第 j 组逻辑层次 $\left(\mathrm{pe}_j,\mathrm{so}_j,\mathrm{cu}_j\right)$ 的功能性环境因子，非功能系统的秩序离不开功能系统提供的环境条件，这样的环境影响不一定是以单个制度的方式，而是以结构化的制度形式表达其影响力；ρ_j 为非功能性环境因子，由除去第 j 组制度安排本身的制度结构构成，$\rho_j=\left(\delta^{(1)},\delta^{(2)},\cdots,\delta^{(j-1)},\delta^{(j+1)},\cdots,\delta^{(h)}\right)$；$u$ 为功能系统 FS 构成的随机扰动项，扰动方式为生活世界殖民化。于是，非功能系统 NFS 可以表达为其基础单位 δ 的函数 $\mathrm{NFS}=\mathrm{NFS}\left(\delta_1,\delta_2,\cdots,\delta_m;\mathrm{FS};u\right)$。

第三，关于社会系统自创生的重述。我们将 Luhmann 的功能性社会系统和 Habermas 的非功能性的生活系统，整合为一个以制度作为基本单位的整体的复杂性的社会系统。这样的社会系统是由制度或者更准确地说是基于制度约束的系统角色的去主体性的个体交互行动建构的一种结构性网络。在功能系统 FS 中的每一个子系统 a_i 都是本系统基本单位的制度因子以及其他系统制度因子的函数 $a_i=f\left(\alpha_1^{(i)},\alpha_2^{(i)},\cdots,\alpha_k^{(i)};\beta_1^{(i)},\beta_2^{(i)},\cdots,\beta_h^{(i)};u\right)$，在非功能系统 NFS 中的每一级逻辑层次同样是相关制度安排所构成的环境因子的函数 $\mathrm{pe}_j=\mathrm{pe}\left(\delta_1^{(j)},\delta_2^{(j)},\cdots,\delta_m^{(j)};a_1^{(j)},a_2^{(j)},\cdots,a_n^{(j)};\rho_j;u\right)$。因为个体性在这样的思径取向中被有效屏蔽，所以呈现出来的图景正是制度创生制度、制度构建系统的自我指涉的自创生系统。一个自创生系统是由特定成分及其之间关系（结构）构成的，在特定时刻系统状态的任何变化都将由成分及其之间关系的属性来决定。当一个自创生系统与其环境经历周期性的相互作用而同时维持自身同一性并因此维持自身组织时，结构耦合就出现了（李恒威和徐怡，2014）。这样的自创生系统在组织上是封闭的，在结构上是开放的。任何系统外在的环境刺激在开放的结构上被接受之后并不能直接对系统产生影响，系统需要将其转化为本系统自身的制度符码，才能进入系统内以本系统的可识别的方式改变系统行为模式，对外表现出制度演化。同样，该子系统的制度演化也会对其他子系统产生环境刺激，但也需要经由以上过程才会推动制度的变迁。

Luhmann 的自创生社会系统是基于不同社会功能划分为各个子系统的结构体系（Mingers，2003）。在我们重述的社会系统的功能性亚系统中，用制度替代了 Luhmann 的沟通的表达，但功能系统本身的自创生逻辑和机制依然呈现出组织闭合、结构开放、结构决定和结构耦合特征。我们认为，非功能性亚系统同样具备上述特

征从而呈现自创生性。尽管个体在生活系统中摆脱了功能性社会系统角色身份，在某种程度上获得了个体性的回归，但这种回归更多体现在私人空间上，并且一旦私人空间发生融入社会空间的交互运动，个体性就必然要与系统制度元素妥协，即 $\mathrm{pe}_j = \mathrm{pe}\left(\delta_1^{(j)},\delta_2^{(j)},\cdots,\delta_m^{(j)};a_1^{(j)},a_2^{(j)},\cdots,a_n^{(j)};\rho_j;u\right)$。同样，社会习俗、道德及社会文化也在自我逻辑体系与系统制度元素的共同作用下参与到生活系统的影响因子作用中。这样建构的社会现实是多重的、对话的、包含内在冲突的，不同个体依据各自不同的常识性知识建构起来的意义体系不具备逻辑自洽性，这必然导致非功能性系统的社会的不同层次或同一层次的不同元素的现实之间的矛盾，所以生活系统是相对封闭的。我们可以清楚地看到，生活系统也是一种制度创生制度、制度构建系统的自我指涉的自创生系统。

我们也注意到，当考虑全球一体化进程中因素时，自创生的社会系统整体对外部世界也保持着运作上的封闭性、结构上的开放性。而生活系统较之功能性系统，其系统开放性较强而封闭性相对较弱，因此存在 Habermas 所说的“生活世界”殖民化倾向。

三、强互惠介入的静态模型

如前所述，我们试图将社会系统表述为一个自组织、自我指涉、自创生的系统格局，在这样一个复杂系统中的个体性，事实上是被掩盖了的，个体并非构成系统的基础单位，社会系统是被其基本构成单位的制度规制着的个体的制度行为推动运行的。然而，受限于规制成本，机会主义行为倾向总是寻求主体性向其他子系统外溢从而对系统产生扰动的外部性的途径，这样的扰动一方面对系统的均衡产生影响，而要消除影响无疑将消耗系统成本，另一方面由此产生的收益却被扰动行为的发出主体以及提供扰动途径的主体私人占有，我们认为，这些行为及途径都表现为私有的收益性的系统稀缺资源。

主体性外溢可以表现为三种基本路径：其一，从功能性系统向非功能性系统外溢，这实际上就是“生活世界”的殖民化的一种突出表现，个体在出离功能系统以后，依然携带着其系统角色身份，并以此在生活系统中获取降低成本、提升收益的机会；其二，从非功能性系统向功能性系统外溢，这种情形在现实中表现为生活系统中的个体之间的亲戚朋友等社会属性的关系被带入功能系统中，形成功能系统中的裙带关系，对系统制度结构形成扰动；其三，在功能性子系统之间的个体性外溢，这种情形的前提是个体性已然在某子系统得以张扬，进而突破子系统的封闭结构，对其他子系统的运作形成扰动。凡此三种主体性外溢，对自创生社会系统而言，突破了其运作上的封闭性，将原本自发演化的逻辑有意识地向人为操控的轨道上牵引，其后果尽管有可能呈现出经由精英有效地设计和实施而达成的新制度格局的效率性，但亦有可能出现个体性的自我利益化倾向。于是，社会系统中的强互惠个体和制度安排从社会制度演化中脱颖而出（王覃刚，2007），成为有效惩罚卸责者、维护现存制度范式，进而抑制个体性对系统的过度扰动的重要实存。

我们认为，在强互惠制度安排介入后，社会系统的扰动因素 $u = \varphi\left(P^{+}, R^{-}\right)$ 得以有效缓解，个体性对系统带来的外部性 P 与扰动项 u 正相关，即 $\frac{\partial u}{\partial P}>0$ ，而强互惠与扰动项 u 负相关，即 $\frac{\partial u}{\partial R}<0$ ，其作用正是抑制扰动，维持社会系统在现存制度结构上的自创生运动。强互惠行动的逻辑表现为，制度是由社会系统制度结构自创生涌现、演化并运作的，那些没有经历系统自创生过程或者没有经历被系统认定为合法的过程而出现的制度，都应被视为需要予以揭露进而制止的对象。那些深刻渗透了个体性意志、带有明显自我利益化倾向的制度安排是不能被接受的。强互惠者经由强互惠锻炼（王覃刚，2007，2017）而获得的行动能力以及被制度结构赋予的行动合法性，使得他们善于发现并能有效实施影响抑制上述失范的制度行为。我们注意到，由于强互惠的作用，系统运作上的封闭性事实上得以强化，从而自我复制、自我指涉的自创生环境得以保持。卸责者往往希望与来自其所处系统外的干预抵消强互惠惩罚，而系统的封闭性就会引发制度的失效，因此强互惠者必须屏蔽那些干扰因素以确保利他惩罚的有效性和合法性，故而事实上也就强化了系统的封闭性特征。我们认为，这种封闭性强化本身就是系统制度结构的重要安排。

由于系统的封闭性要求，强互惠者在系统中的分布就必然呈现出严格的层次性和系统归属性，这实际上是对强互惠设置了行为边界，从而提升了其合法性。从强互惠的社会系统层次性来观察，我们大体可以梳理出三种强互惠行为模式（王覃刚，2017）。

第一，基础层次的纯粹自愿特征的强互惠。正如之前的研究（王覃刚，2007，2017）表明的那样，纯粹自愿特征的强互惠是在社会中具有强互惠行为倾向的散布的非联合性个体。从社会系统的视角观之，我们更容易在非功能性系统中观察到这样的个体，在功能性系统中，由于稍后我们将要研究的职业化的强互惠的制度安排的行为合法性特征的凸显，即使个体有强烈的强互惠利他惩罚冲动，或者通过合法性的制度安排来表现，或者被合法性条件所抑制，从而难以被直观觉察。在非功能性系统中，纯粹自愿特征的强互惠表现为一贯性强互惠和情境性强互惠两种基本形态，前者较之后者具有非选择性特征，其利他惩罚行为不分场合不分对象，这样的特征更接近 Santa Fe 研究的本意。但由于缺失足够的强互惠锻炼，自愿特征的强互惠行为多以非暴力非强制性为特征，因此我们认为，情境性强互惠表现应该明显居多，其更倾向于有选择性地实施利他惩罚，因此其个体的不确定性、对失范行为界定的不确定性以及利他惩罚后果的不确定性（王覃刚，2017）就不可避免。同时，由于合法性约束，自愿特征的强互惠欲求达成更有效的惩罚结果，往往会采取通过职业化的强互惠制度安排间接实施的行为模式。

第二，制度层次的职业化强互惠。因为职业化特征，这种强互惠作为制度安排只能存在于功能性系统之中。但其作用对象是可以扩展到非功能系统中的个体行为，这是由各功能子系统所涉及的社会功能边界所决定的。每个子系统都有一套自我指涉自创生的运行范式，这种范式是子系统自我有效维系以及与包括其他系统在内的系统环境有效交互的制度保证，任何试图突破该范式的个体性机会主义行为倾向都将使子系统出现紊乱以致波及整个系统的结构。因此，在上述被称为子系统运行范式的制度结构中就已经包含了职业化强互惠的制度安排，而具体实施制度性强互惠利他惩罚的个体自身并不一定拥有强互惠行为倾向，因为在去个体性的制度化社会系统中，个体性不再是发出行动的动力源，制度安排就已然明确了行动的强互惠社会系统结果。这种系统化社会构成中的职业化强互惠，事实上已经有可能摆脱自然演化的传统社群意义对强互惠个体内在性质（王覃刚，2017）的要求，利他惩罚具体实施只是依据制度本身逻辑的行为，甚至可以背离其个体性。然而，这并不妨碍职业化的强互惠个体的强互惠行为倾向的个体性，尽管在系统化的社会结构中，此个体性已经不必是重要前提条件，但我们坚持认为，促成那些纯粹自愿特征的强互惠个体的职业化将更有利于利他惩罚行为的有效实施，如坚定职业操守的个体倾向于主动地去发现并制止机会主义行为。同时，随着社会网络化趋势凸显，纯粹自愿特征的强互惠个体也有机会借助职业化的平台对社会实施强互惠影响，如自媒体的发展。

第三，高级层次的政府型强互惠。这是特殊层次的职业化强互惠，属于功能系统的政治子系统的构成要素，是经由某种选择机制产生的政府及其相关机构，在其所管辖的社会系统中，对合法的政治安排不合作的卸责行为实施有效的合法的利他惩罚，积极维护社会系统稳定的制度安排（王覃刚，2017）。作为一种政治系统的制度安排，政府型强互惠利他惩罚强度优于一般职业化强互惠，并表现出社会系统结构渗透性，依据不同国家政治制度定位，其行为影响可以直接或间接延伸到其他功能性子系统甚至非功能性的生活系统中。同时，出自不同的政治子系统结构层级的强互惠利他惩罚作用力也呈现不同的强度和结构渗透性。政府型强互惠的演化优势在于，机构组织在实施强互惠行为时的效率高于个体行为。而保障其演化优势得以实现的制度安排主要体现在以下三个方面：其一，政治子系统在系统结构上相对于其他功能性子系统及非功能性子系统的运作具有明显的引导性甚至强制性；其二，政治子系统对其公务员和官员的选择、任免、考核等皆对其有特殊的个体强互惠要求，各级政治子系统至少体现了其具体代表的社会系统阶层的利益诉求的制度途径；其三，正因为在政府型强互惠方面对个体素质的要求，个体的强互惠锻炼过程被显性化，那么其强互惠的合法性基础就更得到社会系统的认同从而稳固。这样的结构性优势推动制度演化的因素被自我强化，一方面对现有社会系统的制度结构产生有效的均衡稳定机制，但另一方面又会形成对制度演化的创新动力，然而我们坚持认为，在既定的制度结构中机构性创新具体制度安排，仍符合前文所辨识的制度创生制度的自创生逻辑。

三个层次的强互惠行为模式结构性地嵌入在社会系统中，形成社会系统中的强互惠结构，对功能系统及非功能系统的基本单位——制度的稳定起到了可预期的维持作用，尤其是职业化强互惠以及政府型强互惠，由于其职业化特征，本身就已经构成了社会系统中的基本制度单位，即功能性子系统 a_i 的制度因子 $\alpha_j^{(i)}$，其存在给予了系统各部分在运作中对既有逻辑程序的稳定期待，从而实现社会系统事实上的持续有序。与明显的去个体性的强互惠层次略有差异的纯粹自愿特征的强互惠，尽管其实施利他惩罚的行动能力及其合法性认同的欠缺，强互惠后果存在一定不确定性，但至少可以在两个方面得以补救：其一，由于纯粹自愿特征的强互惠出现于非功能性的生活系统中，除去职业化强互惠的制度安排所调整的制度范围以外，大多并不需要强制性的制度约束，选择非暴力非强制性的舆论或精神压力为主要强互惠手段是理性的；其二，当需要强制手段介入时，通过职业化强互惠制度安排的间接实施的行为模式，借以增强其自愿特征强互惠的利他惩罚效果或者行为威慑力，如及时有效的报警或者以报警相威胁，通过网络手段对卸责、失范行为予以揭露，引起功能系统的有效关注并采取相应制度手段，在这种场合，自愿特征的强互惠成为职业化强互惠的制度性延伸。于是，纯粹自愿特征的强互惠成为非功能性系统的制度因子 $\delta_i^{(j)}$ 的构成材料，进而成就个体习惯–社会习俗–文化传统稳定有序的非功能生活系统。

在强互惠介入的社会系统中，既有的系统制度结构被严格地导向既定秩序，尽管这样的秩序并不必然体现效率和正义。但这样的秩序对于系统而言，却实现了去个体性的自发演化均衡。正如前文所述，这样的均衡有效地节省了系统内的交互成本，进而增强了协同性，为社会系统的稳定有序提供了制度保障。然而，我们也注意到，这样的静态均衡逻辑很有可能将社会系统拖入一种内卷的锁定路径之中，这种由强互惠结构的制度安排所致的情形，被标识为强互惠内卷（王覃刚，2014a）。事实上，打破锁定状态的系统结构也正在于我们体悟到的强互惠介入的自创生机制。

四、强互惠的社会系统动态演化

社会系统在以 $\alpha_i^{(j)}$ 和 $\delta_i^{(j)}$ 为基础单位的结构化的均衡体系中实现低摩擦、低成本的运作。然而，这样的秩序被自然选择的机制决定着其效率、稳定或异动。正如我们在前文中察觉到的，嵌入在社会系统中的强互惠系统结构以制度方式维系着制度安排、制度结构、社会系统的稳定，甚至有可能将系统拖入强互惠内卷中。我们认为，这一结论的前提在动态的考察逻辑中应该是，自然选择的力量并不足以撼动当前的强互惠结构。而作为矛盾的另一方面，正是因为强互惠锻炼以及强互惠制度结构安排等系统优势，强互惠结构也最易感受到自然选择所传达出来的制度演化压力以及社会各子系统对制度演化的诉求与尝试，因而也最有可能打破内卷的制度锁定状态。这样的分歧取决于社会系统的开放性及其对强互惠结构的选择与建构。

社会系统的制度均衡相对于自然选择力量，是一种适应性的秩序表现。当外在环境因素处于停滞状态时，最优的策略无疑是由强互惠结构对现有的制度结构系统实施维系，在这样的条件下，由系统网络串联起来的个体是有理由被去个体性的，个体的理性的无知达成了社会系统整体的理性化。我们认为，系统过于封闭，缺乏与其外部环境的能量交换，或者其外部环境不足以紧张化系统本身，这样的持续均衡态是能够被营造出来的，正如金观涛先生所说的超稳定结构。而事实上，外部环境所造成的自然选择的压力达到某种阈值时，即使再稳定的社会系统结构也会面临制度演化或者更为激烈的方式的制度变迁。在这个过程中，强互惠结构起到了关键性的作用。

从系统的自创生性质而言，系统与其环境的交互作用事实上依赖于自创生系统的内在逻辑，即系统如何辨识、认知其外部环境中的特定新分子（李恒威和肖云龙，2015）。这就意味着环境被系统以其自我默认的方式来识别、认知并赋予意义。那么相同的环境会被不同的子系统以不同的语境来表达。社会系统中对系统环境负责解读的强互惠结构，尤其是经历强互惠锻炼的职业化强互惠，从系统既有制度结构下的意义体系出发，对环境的认知需要经由不可辨识到隐喻性表达直至本体意义表达的过程。显然，此处的认知非个体性认知而是指制度性认知。当实现本体意义表达时，被既有意义体系接纳并表达的新的制度因子就意味着合法进入制度结构，完成制度演化步骤。因此，环境中的特定新分子对系统的冲击不能只是单次的、转瞬即逝的，而是需要持续、相对长久，以便上述认知成长过程的达成。因此，我们认为，只有那些足够持续冲击系统的环境分子才能有效成为制度演化的动力学基础因子。

当社会系统的外部环境通过能量交换把自然选择的压力传递到系统的制度结构中时，结构化的制度安排以非协调性予以响应，于是被我们观察到的是，对制度演化诉求的表达最初都是以系统扰动（u）的方式出现的。因此，系统最初接收到这样的扰动信息，强互惠结构的制度安排不会在第一时间给予正面认知，为强化系统的封闭运作与自我复制的自创生性质、确保其利他惩罚的合法性，强互惠结构的本能反应是屏蔽掉扰动。而当自然选择压力足够大的时候，上述表达将多方位、多频次冲击原有的均衡系统。出于强互惠成本的节省，强互惠结构开始正视这一新的制度方式诉求，并在既有制度结构的逻辑中寻找这样的新的扰动合法性依据。但不同的自创生系统的复杂性对应不同的认知水平和类型，以上两个阶段的间隔时长在不同系统中的表现并不一样。自创生系统的组织封闭性、结构开放性事实上决定了上述流程的合理性。我们进而可以理性推论，组织的封闭性程度与结构的开放性程度相互矛盾地影响着流程的推进，具体而言，当组织封闭性参数η越高、结构开放性参数μ越低时，推进的进程时长 t 越大；当组织封闭性参数η越低、结构开放性参数μ越高时，推进的进程时长t越小，即$\frac{\partial t}{\partial \eta}>0$，$\frac{\partial t}{\partial \mu}<0$。我们认为，正是强互惠结构的制度安排确定了$\eta$和$\mu$的取值。进程时长越大，在演化经济学的语境中，就是制度演化越缓慢，过程中所累积的新的制度诉求越多，封闭性的组织的结构性矛盾越凸显，正如我们在前文中体悟到的，社会系统陷入了一种强互惠内卷的路径锁定之中，当突破一定阈值时，有可能会将系统引向更新强互惠结构的制度变迁方式。这也正是我们对 evolution、involution、revolution 三个关于制度演化的不同方式表达的逻辑关系的认知（王覃刚，2014b）。

对制度演化诉求的表达作为一种对均衡系统的扰动或冲击，经由制度结构的网络化传递抵达强互惠结构的感知系统的行程中存在一个系统信息衰变系数λ。因为信息传递的载体是制度结构，所以这个系数随着结构性节点的增加以及强互惠结构的认知能力的降低而增大，于是强互惠结构事实上是以$(1-\lambda)$的比例来感知环境对制度系统的压力表达。强互惠结构在社会系统中分布密度以及对系统扰动或冲击的方位和频次的提升，有助于改善信息衰变系数的取值，我们认为，纯粹自愿特征的强互惠以及职业化强互惠中的媒体组织的制度行为的广泛存在是有效路径选择。

基于自创生系统的思径取向，系统新的基本单位的创生是由既有的系统结构完成的，即社会系统中的新制度是被现成的制度结构创制并给予合法性解释的，这也符合制度演化的渐进性逻辑。这就意味着，在以强互惠制度安排为特征的社会系统的稳定结构中，新的制度安排的合法性是必须由旧的制度体系来表达的。那么，由于生存的合法性要求，新的制度安排就有必要对旧系统做出妥协，我们可以设妥协的比例系数为τ，即被强互惠结构认同的比例，或者被现有制度系统创生的比例为$(1-\tau)$。从这里我们不难看出，在制度演化的逻辑中，新制度并非意在否定旧体系，而是合法介入现成的制度结构中，以获得在社会系统整体稳定的基础上的生存，而有效实施这一过程的正是强互惠结构。这种创生式介入事实上是引入了某种增量收益及调整机制，当调整趋于稳定时，制度结构得以实现新的演化均衡。然而，我们也注意到，最初的诉求最终是以$(1-\lambda)\cdot(1-\tau)$的比例被系统创生并认同的。

制度被系统创生并以$\alpha_i'^{(j)}$和$\delta_i'^{(j)}$为基础单位嵌入系统的制度结构中，而作为新的变异者一旦成功侵入系统后，在不断张扬其生命力的同时还在不断尽力摆脱需要被他者表达其合法性的地位，经由多次从系统环境主动吸收能量来持续创生其制度体系，进而调整整体制度结构，最终达成其本体意义表达的合法性，以确立其在社会系统的制度结构中的稳固位置。如前所述，合法推动这一进程的正是强互惠结构的制度安排，而无须个体性刻意参与，社会系统在一种哈耶克式的自发的逻辑下实现制度演化。

如前文所述，政府型强互惠层次的强互惠结构具有制度演化的创新动力以及资源优势所形成的创新设计的能力，这主要是源自其强互惠锻炼过程的显性化以及制度安排的社会认同所致的合法性基础，因此，政府型强互惠可以不必通过社会系统的结构化节点来获取系统末梢传递的系统环境的选择压力和制度演化诉求，其结构优势使得它们有可能先于系统其他结构感受到对环境的自然选择的压力，甚至在这样的压力的紧迫性尚未完全显现时就预先认知到。这样的优势事实上有效改善了信息传递过程中的衰变系数λ，增强了创生制度对环境选择压力的应变性。我们认为，在此至少有三个问题值得关注。第一，尽管政府型强互惠制度创新形式上有别于标准的自发演化，而偏向于制度的理性设计，但依然保持自创生性质不变。这是因为，政府型强互惠的制度设计能力优势以及合法性基础来自社会系统对现存制度结构的认同，那么制度设计无论怎样精美，都必须以现有制度来合法表达，即必须从现有制度中寻求新制度设计的合法性逻辑，加之政府型强互惠的制度安排本身也就是现存制度结构的构成部分，因此，依然呈现既有制度结构创生新制度安排的自创生特质。第二，尽管政府型强互惠的制度创新能有效提升新制度安排对环境选择压力的应变性，但不一定有足够动力必然这样做。这是因为，强互惠结构的合法性来源于制度结构整体的社会认同性，当新的制度安排有可能触及制度结构的稳定，进而动摇强互惠结构的合法性基础时，就算明知道新制度安排具有效率改进特征，在社会系统结构性稳定和效率的选择中，强互惠结构也会放弃效率而选择系统稳定。这也正是诺斯悖论所表达的意义，在这种情况下，新制度的妥协比例系数τ趋向于1。于是，我们认识到，推动政府型强互惠的制度设计的前提是制度相容性。第三，正因为政府型强互惠在面对可能危及制度结构的稳定进而其合法性基础的新制度安排时，会放弃创生这样的制度，所以，社会系统可能陷入强互惠内卷的路径锁定之中。同时，出于强互惠结构对社会系统及其自身制度稳固的需求，其制度设计能力倾向于通过制度创生进一步强化为其供给合法性支持的制度结构，于是表现为一种自我利益化趋势。

虽然政府型强互惠结构可以利用其在社会制度结构中的资源优势和结构优势，进行新制度创生的自我利益化设计，但在一个有效运作的社会系统中，它们并不能无成本地如此，因为受到了来自社会系统的近似自然选择的约束（王覃刚，2017）。嵌入在众多功能性子系统中的职业化的强互惠结构以及散落于非功能系统中的纯粹自愿特征的强互惠个体，形成了一种系统性压力的制衡。因此，政府型强互惠的制度创生也需要平衡各子系统的利益关系，如若其自我利益化制度设计产生的社会系统的非协调性超越一定阈值，这种制衡力量就会系统性抵制新制度的系统融入以及结构运行，从而动摇政府型强互惠结构的合法性基础，迫使其妥协。当然，最极端的情形就是政府型强互惠结构的变更甚至是社会系统结构的整体变迁。在公开的并被广泛许可的强互惠锻炼的基础上，政府型强互惠的合法性获取基础直接从最全面的社会各子系统的认同中实现，同样可以产生一种制衡力量，并成为更有效的社会系统发展、制度结构演化的正向推动力，也正是在这种情形下，社会系统成功构建起和谐的系统关系。

五、结束语

本文通过引入强互惠概念，建构以制度为基本单位的社会系统，使得对社会系统的静态均衡实现以及制度自创生的动态过程两个方面的制度演化研究能获得更清晰的观察和更明确的演化路径整理。强互惠结构对于社会系统的稳定以及有效的制度自创生起着重要的结构机制作用。一方面，对于被社会系统认同的共享意义基础上的制度结构实施制度性维持，由此动员起足够的系统资源以确保社会运行的效率；另一方面，促进社会系统获取系统环境的信息流动，经由系统识别，加大系统演化与环境发展的协调性，从而事实上在发展中稳定社会系统。此基础研究开辟了一条通过控制社会系统中的强互惠结构这样的中间变量来实现对社会制度演化的深入探究进而有效把控的可能路径。当前中国社会系统正处在变革之中，无论是从市场化方向的结构性调整的实质推进上，还是从保持社会稳定、获取更多的制度演化的社会认同的渐进式逻辑上，都需要研究并培育社会系统的强互惠结构在这样的历史进程中的积极作用。

参考文献

丁东红. 2005. 卢曼和他的“社会系统理论”. 世界哲学，(5)：34-38.

李恒威，肖云龙. 2015. 自创生：生命与认知. 上海交通大学学报（哲学社会科学版），23（2）：5-16.

李恒威，徐怡. 2014. 从生物自创生到社会自创生. 自然辩证法研究，30（4）：22-29.

万勇华. 2006. 哈贝马斯“生活世界”理论评述. 兰州学刊，(3)：29-30，122.

王覃刚. 2007. 关于强互惠及政府型强互惠理论的研究. 经济问题，(1)：10-12.

王覃刚. 2014a. 基于政府型强互惠的共享意义制度化的均衡与内卷. 经济研究导刊，(1)：182-186.

王覃刚. 2014b. 制度演化：政府型强互惠模型. 长春：吉林大学出版社.
王覃刚. 2017. 强互惠理论扩展中的核心概念界说. 湖北经济学院学报，15（4）：24-30.
肖文明. 2008. 观察现代性——卢曼社会系统理论的新视野. 社会学研究，（5）：57-80.
Habermas J. 1989. The Theory of Communicative Action (Volume 2) —Lifeworld and System：A Critique of Functionalist Reason. Boston：Beacon Press.
Kneer G, Nassehi A. 1993. Niklas Luhmanns Theorie sozialer Systeme：Eine Einführung. München：Wilhelm Fink Verlag.
Leydesdorff L. 2000. Luhmann, Habermas and the theory of communication. Systems Research and Behavioral Science，17（3）：273-288.
Luhmann N. 1983. Insistence on systems theory：perspectives from Germany—an essay[J]. Social Forces, 61（4）：987-998.
Luhmann N. 1986. The Autopoiesis of Social Systems. London：SAGE Publications.
Luhmann N. 1995. Social Systems//Bednarz Jr J，Baecker D. Stanford：Stanford University Press.
Mingers J. 2003. Observing organization：an evaluation of Luhman's organization theory//Bakken T, Hernes T. Autopoietic Organization Theory：Drawing on Niklas Luhmann's Social Systems Perspective，Abstract, Liber. Copenhagen：Copenhagen Bussiness School Press.

经济演化、技术创新与制度变迁
——第十一届中国演化经济学年会综述

刘志铭[1]　邹　文[2]

2019年5月18~19日，由中国演化经济学年会秘书处、华南师范大学经济与管理学院、华南师范大学区域经济研究中心和华南师范大学华南市场经济研究中心共同主办的第十一届中国演化经济学年会在华南师范大学经济与管理学院顺利召开，来自北京大学、浙江大学、中国人民大学、中国社会科学院、上海交通大学、中南财经政法大学、中国农业大学等40余所国内著名高校，以及《思想战线》、《教学与研究》、格致出版社等学术期刊出版单位的100多位专家学者参加了本届年会。会议共收到应征论文40余篇，本次会议论文选题广泛，紧扣演化经济学前沿理论和运用。本文从演化经济学视角下的经济理论与经济思想史、技术创新与创新政策、产业发展与产业政策、中国现实经济问题、制度理论与企业家精神等五个方面对本次年会内容进行综述。

一、演化经济学视角下的经济理论与经济思想史

中国人民大学贾根良教授发表了题为《现代货币理论和对欧美中的三个预言》的主旨演讲。他首先详细介绍了现代货币理论（modern monetary theory，MMT）。MMT认为货币是国家的创造物，发行自己货币的政府不需要用税收和发行债务为自己融资。国家在主权货币体系当中处在与家庭和企业截然不同的位置上，商品经济发展需要政府总是处于赤字状态。货币的本质是财政问题，"财政赤字货币化"是现代货币的基础。MMT在利率决定、通货膨胀、税收、就业等主题上提出一系列与主流宏观经济学不同的理论观点，贾根良教授随后根据MMT提出法国大动乱和欧元的消亡、民主党的上台和美国将开启QE4[3]、中国实施金融保护主义和放弃贸易顺差战略等三个预言。

中国人民大学邱海平教授回顾了资本主义起源的不同解释，他驳斥了"1867年前马克思还未使用过资本主义一词"的观点，认为《资本论》第一卷和第二卷就使用了"资本主义"这个名词。同时，他综合了张一兵和卫兴华教授的观点，认为马克思深刻地揭

---

① 刘志铭，江西瑞金人，经济学博士，华南师范大学经济与管理学院/区域经济研究中心教授、博士研究生导师。

② 邹文，江西抚州人，华南师范大学经济与管理学院博士研究生。

③ QE4指美国联邦储备委员会于2012年12月推出的第四轮量化宽松政策，具体内容为每月扩大购买资产规模450亿美元。

示了资本主义的本质，并产生了巨大影响，马克思才是使“资本主义”概念流行的思想家。他认为马克思理论是关于资本主义起源的最重要的理论。在点评环节，中国社会科学院杨虎涛教授补充认为“资本主义”一词在《资本论》第一卷出现2次，第二卷出现9次，虽然书中大量使用的是资本家，而非资本主义，但是资本主义的流行确实是因为马克思主义思想的广泛传播。

上海交通大学吕守军教授回顾了日本演化经济学会的发展历程，并系统梳理了日本演化经济学研究的最新进展。日本演化经济学会成立于1996年3月，目前会员将近500人，设立有“制度和统治分会”“企业、产业的进化研究分会”“现代日本经济制度分会”“观光学研究分会”等分会。2004年学会杂志*Evolutionary and Institutional Economics Review*创刊，2012年姊妹篇*Evolutionary and Institutional Economics Review Perspective*创刊。之后的几年里，该学会先后引进了研究员制度和设立了进化经济学会奖，努力提升自身的国际化水平。这些举措有力促进了日本演化经济学的发展。随后，吕守军教授从文献计量的角度梳理了日本演化经济学理论的发展，包括制度和演化经济学的理论基础、社会科学主流观点批判、社会经济生活中的知识和学习等内容。他认为日本演化经济学理论研究注重原著、手稿的整理和研究，而在研究方法上较多使用生物进化论等隐喻、擅长数学建模和构图分析等。

东北财经大学丁涛副教授论述了诺斯制度决定论的发展过程，并对其缺陷进行了批判，他认为诺斯制度决定论的破产主要有三点论据：自相矛盾、乱用概念、按照自己的逻辑选择性地拼凑历史故事。他提出了替代性的新李斯特经济学的解释体系。这一体系专注于从实际出发，认为出口高端产品，进口低端产品，从事相对高质量的活动是国家致富的根本。在点评环节，华中师范大学严鹏教授认为作者通过梳理诺斯的思想演进，整理出了其中的矛盾点，这提醒我们应该注意和反思对历史事件的滥用。

嘉兴学院王焕祥教授从意识形态的演化视角解释了“中国模式”，他认为关于“中国模式”解释争议的本质是“北京共识”与“华盛顿共识”之争。在意识形态层面的争议是特殊性和普遍性之争，代表意识形态普遍性的主流经济学在解释中国模式时面临意识形态悖论约束，而意识形态悖论将导致中国模式特殊性与普遍性之间的紧张关系。

浙江科技学院惠丰廷副教授从生物进化角度阐释了经济学中的理性经济人假设。人与其他物种一样，天生具有基本理性和经济理性。基本理性是人在自然规律、社会规范和道德准则划定的边界内，为生存和繁衍而做出的行为。在分析人的行为时，既要考虑行为的目的，也要考虑行为的手段。基于重新定义的理性假设，人的行为可以分为获取和使用生存和繁衍所必需资源的行为，获取是个体的生产过程，使用是个体的消费过程。

曲阜师范大学硕士研究生朱宝清通过对经济史的文献梳理，把西方经济学中的“经济人”假设按照时代划分为三个阶段。第一个阶段是“斯密—西尼尔—穆勒”式的“经济人”。这一时期的经济人假设并非仅仅体现为以最小成本换取最大收获的经济考量为终点，在这一过程中道德伦理与其经济追求是高度融合的。第二阶段为经过边际革命后，“经济人”在新古典框架中的资源稀缺性假设这一约束下蜕变为一个完全意义上的追求利益最大化目标的“经济人”。第三阶段借鉴演化经济学和行为经济学相关知识，开始承认主体存在的非理性行为，指出处在真实经济社会中人们往往秉持有限理性、兼具经济利益与非经济利益的双重属性。

云南大学柴毅博士基于中国知网（China National Knowledge Infrastructure，CNKI）1998~2018年的中文社会科学引文索引（Chinese Social Sciences Citation Index，CSSCI）数据，运用CiteSpace软件工具对我国经济史文献做可视化、图谱化研究。研究发现，中国经济史研究形成了研究重镇与研究中心的层级梯队，但合作性较弱；从高被引文献来看，经济史的制度创新研究将制度（变迁）、经济增长、演化等理论引入了经济史；相关研究的关键词具有一贯性与联系性和创新性与时代性的特点。经济史研究还存在一些问题：经济史学研究范式有待提升，国内经济史领域每年发文数量不足，国内外影响力有待提高。

华中师范大学严鹏教授从演化发展经济学视角分析了工业文化与现代经济的启动。思想的结构性转变是经济增长的前提，而工业文化作为心智结构的构成，对经济增长具有积极促进作用。因此，在政策上，建议将工业发展作为国家层面的价值观，把教育政策和文化政策纳入现代经济发展的先行政策中，同时应保护工业文化所依托的工业经济实体。在评论环节，南昌大学程皓副教授认为工业文化是支持经济发展的动力，培育和发展工业文化非常重要，她建议进一步扩充相关史料，使得论证更加充分有力。

中国农业大学王娜副教授讨论了金融危机后奉行新自由主义的国家出现的社会变化，并从经济进一步私有化、重塑社会与个人的关系、进一步专制化的政治渗透三个角度论述了这一问题。她指出新自由主义的经济政策导致资本主义国家货币与财政政策可操作空间变得狭小，资本主义可能走向系统崩溃、自我调适和寻找替代路径三种结局。

西南财经大学张志博士从经济政策思想史的视角研究英国在19世纪下半叶的经济政策发现，自由贸易政策使英国陷入比较优势的陷阱，这一政策过于依赖旧技术—经济范式，自由放任政策难以克服旧技术—经济范式的阻力，阻碍了新技术—经济范式的发展。他建议我国在合理利用自由贸易政策的同时，应该主动提供能够促进新技术—经济范式发展的平台，大力发展新技术—经济范式的主导产业，力争占领新技术—经济范式的制高点。在点评环节，云南大学张林教授建议在讨论英国自由贸易主义存在的问题的同时，可考虑英国的自由贸易政策在促进世界整体经济进步中的贡献。

中国人民大学博士研究生兰无双从"国家作为生产者"这一角度梳理了马克思的资本周转与国家出资投资、凯恩斯的投资社会化、马祖卡托的倒金字塔形的市场形成过程等理论，探讨了公共政策的现存问题和危机。在点评环节，嘉兴学院王焕祥教授建议作者也可以结合新古典布坎南学派，另外，可以结合中国的国情进行具体分析。

二、演化经济学视角下的技术创新与创新政策

东北大学郁培丽教授的报告《知识基础、技术融合与技术创新模式演化》基于主路径分析方法，以美国专利局公布的生物燃料领域专利数据为样本，考察知识基础推动技术创新模式演化的作用过程。研究发现：在市场选择机制和扩散机制的作用下，知识基

础是驱动技术创新模式演化的核心动力。知识基础决定技术范式和技术轨道，知识基础深度不断加深会产生路径依赖，推动技术创新模式在原有模式下不断进行改进；而当知识基础广度加大时，知识基础之间的联系密切所带来的技术融合会产生间断性创新，这种间断性创新打破路径依赖，使技术创新模式产生颠覆。因此技术融合所带来的间断性创新引发的技术范式的改变是导致技术创新模式演化的根本原因。在点评环节，武汉工程大学王覃刚副教授做了一些补充，他认为创新应该是创新主体的复杂涌现，创新共同演化，知识基础与技术创新并非单向的因果关系。他们有各自的系统演化逻辑和演化结构，由于并非是预先设定好的，有可能偏离主路径，因此演化要包容各种可能路径。

南开大学刘刚教授在《经济形态演化中的技术变革因素：基于中国经济高质量发展的思考》报告中认为我国的高质量发展是基于网络空间和智能科技产业发展的生产力和生产关系重构过程。在网络空间的支持下，资源配置方式日益多元化和高效率，技术创新和知识创造成为资源配置的关键领域。服务要素的在线化和知识共享社区的开放性，大大降低了创业者的创业成本，创业活动的常规化和惯例化使我们步入以创业为导向的经济社会。在点评环节，华南师范大学刘志铭教授认为刘刚教授的报告运用复杂适应性系统重新理解经济发展机制。人工智能和网络空间互动表明，当前经济发展与前几次工业革命表现出完全不同的特点，人们对于技术的认识发生了改变。新古典经济学往往聚焦资源配置，而当前技术往往更强调人与人的互动，演化视角有助于理解当前的技术创新和创业行为。

云南大学王守义博士在马克思创新理论的框架下研究了技术创新带来金融资本与产业资本融合发展的逻辑框架。他指出技术创新带来的实体产业发展能够吸引大量的产业资本，当技术创新进入乏力的阶段时，金融资本往往就开始脱离产业，自行增值，因此通过技术创新，金融资本与产业资本可以互相转换。在点评环节，嘉兴学院王焕祥教授建议这篇文章可以用创新经济学、政治经济学的语言来讨论金融资本与产业资本如何融合；从马克思的框架来分析对社会经济的影响；微观基础和中观分析方面可以尝试运用法国调节学派，落脚点为分析中国现实问题。

中国社会科学院黄阳华副研究员通过分析阿里巴巴、百度和沈阳鼓风机集团股份有限公司对数据要素的经济治理阐释了产业模式的创新路径。他认为数据要素的生产和治理是新经济的核心问题，而演化经济学为分析新经济中的新问题提供了独特视角。在点评环节，嘉兴学院王焕祥教授认为可以运用自组织或复杂适应系统理论做进一步拓展。

东华大学管理学院孟方琳副教授从演化经济学视角，运用生态系统理论构建了数字经济生态系统模型，并在复杂系统理论的启发下分析了数字经济生态系统的运行机理。通过梳理数字经济演化历程和数字经济 2.0 时代的主要特征，最后提出可以通过推动微观企业数字化进程、培养并激励数字经济相关人才、完善数字经济发展所需的新规则体系、提升数字生态系统的共生效率等方面改善我国数字经济生态系统。在点评环节，华南师范大学赖小东副教授认为《我国数字经济生态系统的构成与演化研究》一文进行了跨学科研究（融合了经济学、信息科学、生态学），机理分析具有创新性，提出的政策具有现实意义。中国科学院刘志高副研究员建议结合制造业产业转型和城市化去理解中国数字经济为什么增长快，同时可以运用案例分析去研究演化路径，包括制造业和金融等产业的案例。

安徽大学博士研究生郑飞鸿运用 HP 滤波（Hodrick-Prescott Filter）和 VEC（vector error correction，向量误差修正）模型实证检验了环境规制影响绿色技术创新的渠道。结果显示，显性环境规制对于绿色技术创新的短期作用显著，但长期动力不足，呈现“直接效应”。而隐性环境规制对于绿色技术创新的长期作用显著，但短期效果不明显，呈现“间接效应”和“滞后效应”。他建议政府、社会和企业应抓住环境规制对于绿色技术创新在不同阶段发挥作用不同的特性，从完善政府环境规制工具、营造社会环保氛围以及提升企业环保意识出发，因势利导地促进绿色技术创新。在点评环节，华南师范大学赖小东副教授认为文章研究方法有创新性，但技术创新要进一步分类，同时，隐性环境规制指标需要进一步明晰。

中南财经政法大学硕士研究生李鹏辉根据拉佐尼克假说对美国的创新活跃度和经济增长之间关系进行了分析。依据拉佐尼克假说，美国从旧的企业模式转换为新的企业模式后，应该会导致企业创新的衰退和不可持续的繁荣。然而，虽然美国企业出现了金融化程度增加，股东价值最大化导致的高管人员薪酬大幅提升等现象，但是美国企业的创新反而加速了。在点评环节，云南大学张林教授认为文章中的拉佐尼克假说忽略了经济模式的多样性，或许并不适用于所有企业。

三、演化经济学视角下的产业发展与产业政策

暨南大学顾乃华教授在年会上做了题为《广东产业演化过程中的载体建设和政府行为》的主旨演讲。顾乃华教授首先从演化视角回顾了广东省产业载体建设变迁历程。载体建设分别经历了工业园、开发区、科技园和当前的产业新城。地方政府在产业发展中从单一的政策提供者向综合的产业引导者转型。顾乃华教授详细介绍了浙江省深入实施的“亩均论英雄”改革。该改革的特点有管委会（地方政府）注重产业载体的支撑体系建设、重视引入产业地产商、减少地方政府的逆向软预算约束行为等。在点评环节，广东省社会科学院曾云敏研究员认为演化经济学视角下的路径创造及马祖卡托的企业家型政府为理解政府行为提供了理论参考。对于广东省为什么不同阶段需要不同载体，在产业结构分析方面可以做进一步拓展。

北京理工大学贾利军教授针对资本品驱动制造业升级这一问题，通过比较新古典经济学的自由贸易理念和新李斯特主义经济学的产业保护理念，认为应该采取一定程度的产业保护。并从生产性的内需思想、制造业国内一体化、资本品高端自主研发三个角度探讨了产业保护下制造业才能走出初期—追赶期—赶超期的发展曲线。在点评环节，东北大学郁培丽教授认为文章讨论的资本品问题正是我国东北机床产业现在面临的问题。在现在的国际形势下，我国相关产业遭到国际产业的价格和创新竞争，政府和企业应该携手共同解决这一困境。

广西师范大学张海丰副教授通过构建一个工业化不同阶段的制度能力模型来解释后

进工业国由数量型增长向质量型增长的转型，提出产业政策向创新政策的政策范式转型十分关键，并提出中国只有持续积累制度能力，完成从产业政策向创新政策的转型，才能为经济高质量发展提供源源不竭的动力。

中南财经政法大学陈立兵副教授从美国经济史的角度考察了美国过度金融化及公司治理机制缺陷对美国制造业的衰落的影响。陈立兵副教授认为经济金融化是造成美国制造业衰退的根本原因，而公司治理机制扭曲是美国制造业问题的内部推动力。美国制造业问题反映了美国主流经济思想存在缺陷。在点评环节，云南大学柴毅博士认为美国的产业空心化和经济金融化对于我国具有重要借鉴意义。

中南大学傅沂副教授从复杂网络视角运用模拟仿真分析了特色小镇产业集聚演化过程。他认为网络集聚效应对特色小镇产业集聚的演化及其网络结构的形成具有正向作用。在特色小镇产业集聚的初期，网络集聚效应起推动作用，网络进入稳定阶段后，对网络的稳定提供支撑作用，在产业集聚进入衰退阶段后，抑制网络的过快衰退。在将网络集聚效应区分为外部吸引力与内部凝聚力后，发现网络内部凝聚力是产业集聚的基石，而外部吸引力扩大了网络规模，却不一定能提高集聚水平。在点评环节，华南师范大学赖小东副教授认为，国家对特色小镇有政策支持，但样本有限，而采用仿真模拟克服了样本有限的缺陷，但希望论证中考虑更多的影响因素。

中国药科大学张文杰博士基于演化经济学的视角，剖析了美国医药产业从落后到领先的过程。研究发现：在美国医药产业的发展过程中，部门创新体系的成功构建在其中扮演了重要的角色，美国医药产业早期落后的主要根源在于创新主体间联系非常松散，两次世界大战期间受 1929~1933 年经济危机等一系列因素的影响，在政府的引导下医药企业与高校科研机构等加强协作，最终美国抓住青霉素革命的宝贵机遇一跃成为全球医药产业的领导者。这启示我们，政府在产业自主创新实现过程中应该发挥关键作用，并且应该重视产业安全。

安徽财经大学李波博士利用非线性动力学理论研究了 Kopel 寡头模型的一类双参数分支情形——1∶4 共振。与单参数分支相比，1∶4 共振作为单参数分支的退化情形将描述该双参数分支点邻域内的分支分布问题，然后利用数值模拟探讨了该模型的复杂动力学性质及其经济学意义。在点评环节，华南师范大学董志强教授认为好的经济建模应该尽可能考虑模型简化、使用的广泛性和经济学意义等，坚持以问题为导向。

西北大学博士研究生黄光灿从港区城建设模式的系统范式和理论创新，论证了多式联运港口支点建设的可行逻辑与协同联动可持续的发展思想，从历史实践中归纳了港区城建设模式的基本特征，即政府推动、企业主导、空间递进、协同联动和发展可持续性。他认为全球支点空间格局、支点现实基础、雁形模式组团出海和建设运营模式是“一带一路”海外支点构建的关键要点，而“一带一路”海外支点的构建将联通全球区域性大市场并主导包容性新型全球化发展。在点评环节，中国科学院刘志高副研究员建议进一步挖掘更好的研究问题，侧重于学术研究。

广西师范大学硕士研究生李国兴探讨了产业政策如何实现技术追赶。他认为尽管新结构经济学的 GIFF（growth identification and facilitation framework，增长甄别与因势利导）方法在一定程度上突出了有为政府的作用，但是仍属于新古典经济学框架，他认为只有重回李斯特经济学，深刻剖析其生产力理论的内涵，具备动态比较优势指导下的产业政策才是后发国家实现经济追赶的途径。

四、演化经济学视角下的中国现实经济问题

广东省社会科学院曾云敏研究员从演化发展经济学视角阐述了广东区域发展战略和规划。他认为广东经济持续高速发展的原因之一是来自政府的路径创造和持续的产业结构变迁。在点评环节，广西师范大学王修志副教授补充认为，政府与市场应该以产业为载体，协同发展，通过打破原有的路径依赖，形成新的商业模式。新一轮的区域发展战略更要侧重创新要素的区域协同，打造国家价值链体系。

福建社会科学院林昌华副研究员运用结构方程模型分析了台湾地区金融发展对地区经济增长的影响。研究发现，台湾金融发展对产业发展具有显著的直接影响效应，而且金融规模、金融结构、金融深度和金融环境四个维度对三大产业的影响方向和效应强度均存在差异表现。台湾金融发展对地区经济增长效益具有较强的间接影响作用，其中金融规模、金融结构和金融深度三个维度对地区经济效益均为正向影响效应，金融环境维度对地区经济增长效益则为负向影响效应。台湾的发展实践启示指出应加强对金融发展的支持引导、推动金融发展创新、防范化解金融风险，才能保持金融发展与经济增长的良性循环。

中国科学院刘志高副研究员从经济地理学的角度分析了我国基于地方经济实验的经济政策历程。他认为与之前侧重产业相比，当前更加关注地理空间，这主要取决于具体的外部环境。随后，他详细介绍了我国各个国家级新区（浦东新区、滨海新区、西江新区等）的核心功能、区域定位、改革创新、产业定位和生态文明建设等情况。最后，以天津为例，介绍了天津各国家级开发区的产业定位和与之相关的政府部门等，指出我国的国家新区作为一种过渡性区域试验主义发展策略对于发展中国家具有借鉴意义。

广西师范大学王修志副教授以中国特色社会主义市场经济体制演进为线索，聚焦行政权力与市场权利、政府效能与市场活力之间的协同关系，探究推动高质量发展转型的体制改革逻辑。他认为，市场秩序、发展成本是高质量发展阶段观测市场活力的两个重要维度；市场活力是推动高质量发展的原动力，政府效能则是其体制性约束条件；制度改进和组织创新是深化效能型政府改革的两条路径。为此，须坚持市场活力导向，沿制度改进和组织创新两条路径深化政府行政体制结构性改革，最终构建起匹配高质量发展的“市场—政府”系统协同演进机制，持续优化行政资源配置并提升政府效能。

华南师范大学博士研究生张晓强基于五大发展理念，实证检验了经济转型与中国经济增长质量的关系。使用 1995~2016 年中国省际面板数据，构建了一套系统的五大发展理念评价体系，运用向量自回归模型和误差修正模型进行分析。研究表明：五大发展理念是一个有机体，内部之间互为因果，相互转化，共同促进了经济转型和经济增长质量的提高；开放、绿色和协调对创新发展均具有一致的正向的短期影响和长期效应，但共

享系数对创新发展不显著。因此，新常态下，同步考虑中国经济转型与经济增长质量之间的关系，增强五大发展理念，全面提高各个领域内的自主创新能力，有助于突破经济转型困境，有利于经济增长质量的全面提升。在点评环节，华南师范大学赖小东副教授建议多选一些替代变量，使得变量更具有说服力。

中南财经政法大学博士研究生冯鹏程探讨了技能溢价与技能要求之间的关系。他认为将工资差异的增长视为支持技能下降的证据值得考究，但是唯独一种情况可以肯定技能要求的提高，即在技能溢价不断提高的条件下，高技能劳动/低技能劳动（H/L）比值在提高，且整体劳动收入也在提高。

广西师范大学硕士研究生耿智探讨了国家能力、全球价值链攀升与跨越中等收入陷阱。价值链有自上而下和自下而上两种构建方式，建议我国重视自上而下的方式，掌握价值链话语权。在点评环节，东北大学郁培丽教授建议在市场的运行逻辑中讨论国家能力。

中南财经政法大学硕士研究生俞大勇通过构造非生产性积累指数，阐述了过度金融化与非生产性积累会造成实体经济与虚拟经济的脱节现象，进而引发金融危机。因此，建议通过鼓励资源向生产性部门流动、避免过度金融化和对来自国外的金融资本进行严格控制等方式减少社会的非生产性积累。在点评环节，华南师范大学赖小东副教授建议运用更加合理的指标测度非生产积累，并建议做进一步的细化研究。

五、演化经济学视角下的制度理论与企业家精神

华南师范大学董志强教授做了题为《社会秩序之谜》的报告。针对社会科学中人类社会为什么没有陷入霍布斯“丛林社会”这一问题，董志强教授运用演化博弈分析工具，引入禀赋效应的相关，指出禀赋效应在塑造产权方面具有重要作用，人们通过遵循产权惯例，便会有自发的产权尊重，因此，禀赋效应是塑造社会秩序的基石。在点评环节，江西师范大学李建德教授认同董志强教授从禀赋效应的角度解释产权何以形成，同时高度评价了行为经济学对社会科学的贡献。

江西师范大学李建德教授发表了题为《制度是社会科学更是经济科学研究的基本对象》的演讲。他认为制度是人与人之间关系的基本和核心的概念，而稀缺是人与物之间关系的基本和核心的概念，因此新古典只能是植物与非社会性动物的行为学。制度可以有无数的定义，但以随机稳定中的多数人的行为也即最有利于合作的行为来定义制度，是所有定义中的核心定义，是最具本质含义的定义。缺少制度收益这一基本概念是制度经济学目前存在的基本缺陷。

武汉工程大学王覃刚副教授基于政府型强互惠模型探讨了共享意义制度化的均衡与内卷。政府型强互惠可以将那些共享意义的习惯、习俗以具体的形式固定下来，实现制度化。当制度演化收敛于某一均衡点时，群体成员对于现行的规范体系不再有异动的要求，于是制度在均衡状态下表现为被简单地遗传复制，从而强互惠的政府就无须再对这

些制度的强互惠投入成本，制度演化也自发地达成了均衡状态。在自发式内卷和强互惠式内卷两种力量共同作用下，制度会呈现长期低效率的锁定状态。

中南财经政法大学本科生唐昱茵介绍了发展型国家理论和中国国家治理模式理论，试图在宏观层面对发展型国家理论和“中国模式”进行“对接”，并找寻发展型国家的理论特征在中国政治经济制度上的对应点。

近年来，“国进民退”一度成为人们热议的话题。尽管国家在多个场合表明民营经济是社会主义市场经济发展的重要成果，是推动社会主义市场经济发展的重要力量，但是仍有少部分人认为民营经济应逐渐离场。针对上述争论，浙江大学张旭昆教授在会上做了题为《民营经济为何不能退场》的发言，他认为民营经济仍将长期存在。他通过梳理私有制与公有制的理论渊源，分析了民营经济为何在相当长时期中不能消亡，公有制为何不可能大范围长时期存在；同时他认为，对于民营经济造成的问题，可以在不完全消灭私有制的条件下，通过其他的制度安排加以解决。在点评环节，北京大学方敏教授赞同民营经济不能退场的观点。同时他认为要把私人的占有和私有制区分开来，占有是私人的，但分配并不一定要靠私有制。

广西师范大学硕士研究生李会成比较了鲍莫尔、柯兹纳和凡勃仑三位经济学家的企业家才能理论，并重点遵循着凡勃仑意义上的企业家才能，探究了破坏性企业家才能对经济增长的影响以及发展中国家防范破坏性企业家活动的制度设计。站在政府制度设计的角度，他建议在人才层面，聚焦人才流动与融合；在硬件层面，立足设施完善与配套；在非正式制度层面，瞄准制度衔接与互补；在正式制度层面，强化制度效力与权威，以实现发展中国家对破坏性企业家活动的防范和生产性企业家活动的激励。